远离风险的
供应链
金　融

芦淑娟◎著

中国铁道出版社有限公司
CHINA RAILWAY PUBLISHING HOUSE CO., LTD.

图书在版编目（CIP）数据

远离风险的供应链金融/芦淑娟著.—北京：中国
铁道出版社有限公司,2024.7
ISBN 978-7-113-31225-1

Ⅰ.①远… Ⅱ.①芦… Ⅲ.①供应链管理-金融业务-
风险管理-研究-中国 Ⅳ.①F252.2

中国国家版本馆 CIP 数据核字（2024）第 091535 号

书　　名：远离风险的供应链金融
　　　　　YUANLI FENGXIAN DE GONGYINGLIAN JINRONG
作　　者：芦淑娟

责任编辑：张　丹　　　　编辑部电话：(010)51873064
编辑助理：韩振飞
封面设计：宿　萌
责任校对：苗　丹
责任印制：赵星辰

出版发行：中国铁道出版社有限公司(100054,北京市西城区右安门西街 8 号)
网　　址：http://www.tdpress.com
印　　刷：河北京平诚乾印刷有限公司
版　　次：2024 年 7 月第 1 版　2024 年 7 月第 1 次印刷
开　　本：710 mm×1 000 mm 1/16　印张：13.25　字数：180 千
书　　号：ISBN 978-7-113-31225-1
定　　价：68.00 元

供应链风险流的思考

我曾在《供应链金融原理》一书中将风险流定义为供应链中除了物流、资金流和信息流之外的第四种流动，它随着三种流在企业间的流动而动态变化，并且具有可评估和可传递等特征。由于风险在供应链金融中的重要性，如何区分可消除风险和不可消除风险，量化主体信用风险和系统性风险，以及确定风险定价机制自然成为产业界供应链金融风险管理的核心问题。

风险流是一个新的概念，需要开发新的工具和方法来进行度量和管理。目前，风险流并未在传统供应链三种流动中得到充分体现，而且由于供应链中各个主体对风险的评估和承受能力也有所不同，因此如何制定统一的风险衡量标准、公认的风险度量机制及科学的风险指数评估方法，是亟待解决的关键问题。当前，大部分企业所面临的困境就是无法准确衡量风险，最终可能导致无法及时获得银行融资而破产。对于一般供应链企业来说，破产风险与波动性相关，小风险是可控的,但极端风险可能会放大传播并引发供应链中断。就供应链而言,风险是无法完全消除的,但可以被转移,通过信息互通、企业互助、上下游互保及购买保险工具等方法实现风险转移和分担。

理论上,当今的数智技术可以为风险流管控提供强有力的支持。供应链上的企业借助互联网、物联网、大数据、云计算、区块链、人工智能等技术,在数据驱动下对全层级供应链的各种组织活动及其业务流程与模式,实现智能化风险防控。各个供应链层级都能为供应链的风险控制提供多样化的方案,在供应链的关键节点建立高信用、可拆分、可流转、可融资且可控的风险外部转移机制,以便在必要时进行干预,避免风险演变成系统性风险。然而,现实中的风险防控远比理论设想的更加困难。在数智时代背景下,如何将风险防控方法和技巧实际应用并发挥事半功倍的作用,产业界却鲜有公开介绍。

芦淑娟女士的《远离风险的供应链金融》一书正是这些产业界行之有效的风控方法和技巧的总结。她为供应链金融风险流管理提供了产业界可以实际应用的整体性框架和深入见解。作者凭借十余年供应链金融量化经验,结合实际案例详细阐述了如何衡量风险流,如何区分供应链金融中的行业风险及主体信用风险,以及如何通过风险管理策略、保险工具、数字技术等降低或消除这些风险。无论你是供应链金融的从业者还是研究者,这本书都将为你提供宝贵的参考和指导,对于希望提高供应链金融风险管理能力的企业和个人来说,这是一本不可多得的参考书籍。

蔡港树　美国圣塔克拉拉大学教授
2024 年 3 月于硅谷

在当今复杂的商业环境中,供应链金融已经变得至关重要。它不仅是一种金融工具,更是连接企业、供应商和客户的纽带,促进了商业流程的顺畅运转。与此相伴的风险管理变得越来越重要,如何平衡风险管理和业务发展的矛盾,如何面对平衡信用风险管理中的"不可能三角":"评级、限额、定价",如何在产品设计中恰当考虑风险因素,是日常工作中时刻要面对的问题。

供应链金融生逢其时,伴随近 20 年 IT 技术蓬勃发展,供应链数字化建设使得信息结构化,为金融融入产业链奠定数据基础。同时,近年来基于大数据的金融科技极大提升了量化风险及预测风险的能力,通过使用供应链过程数据,供应链金融对不同行业、不同规模的企业进行风险画像及风险量化,使得供应链金融能够下沉服务更多的中小企业,扩大金融服务边界的同时降低了金融服务的成本,这也是金融科技区别于传统金融机构的最大之处。

这本书将带领读者深入了解供应链金融和风险控制的核心理念和实践应用,从基础知识到前沿技术,全面展示这个日益复杂且令人振奋的领域。将探讨供应链金融在商业中的作用,风险控制的基本原理与实践及其对企业战略和日常经营的影响。

无论您是金融专业人士、风险管理者、企业管理者,还是对供应链管理感兴趣的学者,这本书都将为您提供宝贵的见解和非常实用的建议。让我们一同探索供应链金融风险管理的奥秘,助力企业远离风险,健康发展。

邰燕军　联想金服 CEO
2024 年 5 月 15 日于北京

目录

第二章 供应链金融信用风险管理

第六章 供应链金融信用风险共担：贸易信用保险

第七章 供应链金融风险共担：自保险

第一章

初识供应链金融

过去十年，产业供应链金融快速发展可以归因为四个方面：产业链发展对供应链效能管理内生需求、金融结构调整的货币需求、国家财政对供应链金融工具的政策助力、新科技变更带来的技术红利。 我们对供应链金融的观察始于十年前，之后供应链金融行业开始野蛮生长，如今穿越经济周期的供应链金融已达到了新高度。 自 2012 年起，资本市场陆续布局供应链及供应链金融领域，融资规模在五年间从 39 亿元增长至 1 000 亿元，2018 年被投企业数量和供应链金融创投市场融资规模达到历史峰值。 供应链金融通过服务价值累积，实现了供应链管理向平台化、科技化方向不断增效，产业数字化趋势的供应链金融是深耕于产业中未来经济稳定增长的新引擎。

01　供应链金融，助力产业升级

供应链是一个学术概念，根据《物流术语》(2010 版)，供应链是"生产及流通过程中，围绕核心企业，将所涉及的原材料供应商、制造商、分销商、零售商直到最终用户等成员通过上游或下游成员链接所形成的网链结构"，供应链管理是"全面规划供应链中的商流、物流、资金流及信息流等，并进行计划、组织、协调与控制的各种活动和过程"。供应链服务机构通过整合需求、叠加商品分析、客户关系管理、仓储物流、资金信用等，为供应链参与企业提供整体服务。一方面，供应链服务机构通过商流、物流、资金流、信息流为供应链参与企业提供基础服务，提升产业链整体效能、增强产业链竞争力；另一方面，依托商品交易规模不断发展，大型贸易链条中嵌套物流、融资、信息等增值服务，使得供应链服务获得商品服务价值，通过服务价值累积实现供应链管理服务向平台化、科技化方向不断发展。供应链管理的服务价值如图 1.1 所示。

供应链管理是企业的核心竞争力，通过供应链管理的金融服务以降低融资成本、提升资金周转、增强企业盈利等一系列降本增效的形式呈现。此外，由于供应链核心企业和上下游企业的融资能力、风险控制能力有所不同，所以产业链金融服务是供应链管理中把握产业发展趋势、提高协同效应的最核心工具。

商品交易市场的发展是供应链金融服务的需求根基，影响供应链金融发展的因素有商品经济规模，包括存量交易规模、业务体量增量；行业景气程度、上

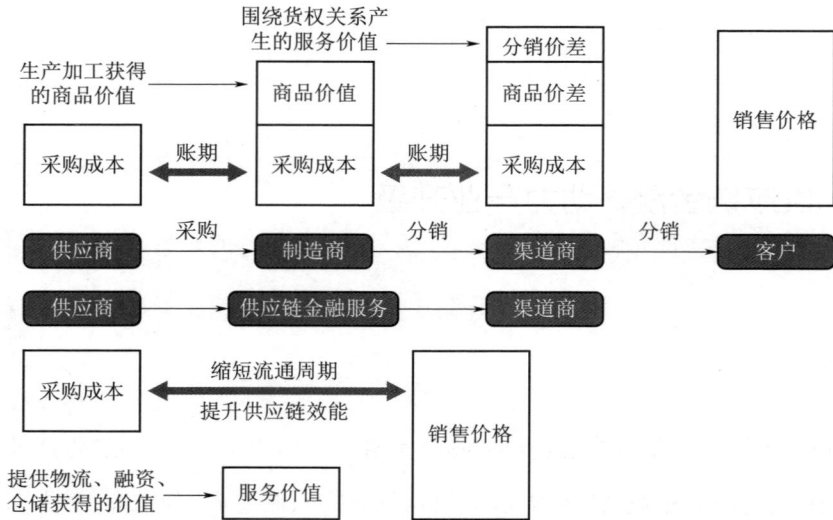

图 1.1　供应链管理的服务价值

下游商业资源整合程度、商品价格稳定性等；核心企业及上下游企业竞争状态，即是否有优化产业链的内部诉求。

可以从产业链主体、我国经济结构调整需求、国家政策、科技能力等方面分析供应链金融的起源、发展态势、金融特征等。

02　供应链金融起源之路

一、降本增效：产业链推动供应链效能提升

供应链金融的深远意义在于其依托产业、服务产业，是使产业链真实运行效率和资源配置效率更高效的金融实现方式。

1. 供应链企业现金流的重要性

现金流是企业的价值之源。许多企业十分重视利润，却忽视了现金流对企业的重大影响，现金流短缺的危害一旦爆发，利润增长也无法让企业起死回生。例如，1975 年，美国最大的商业企业之一 W. T. Grant 宣告破产。在破产的前一年，其营业净利润近 1 000 万美元，经营活动提供的营运资金为 2 000 多万美元，银行贷款高达 6 亿美元，在 1973 年该公司股票仍按其收益 20 倍的价格出售。

特殊时期，许多企业因现金流短缺而倒闭，但这些企业在之前一直保持不错的盈利水平。因此，关注企业现金流是企业生存的根本。供应链企业现金周转概况如图 1.2 所示。

供应链企业现金流管理的关键在于现金流周转速率，现金流周转速率的快慢需要管理好企业的应收账款和应付账款。

传统供应商经过采购、生产、销售三个阶段，将产成品销售给核心企业。供应商需要在采购原材料时，向上级供应商支付原材料货款，并转换为企业库存；将加工后的商品销售给核心企业并收取货款，完成了一次现金循环。

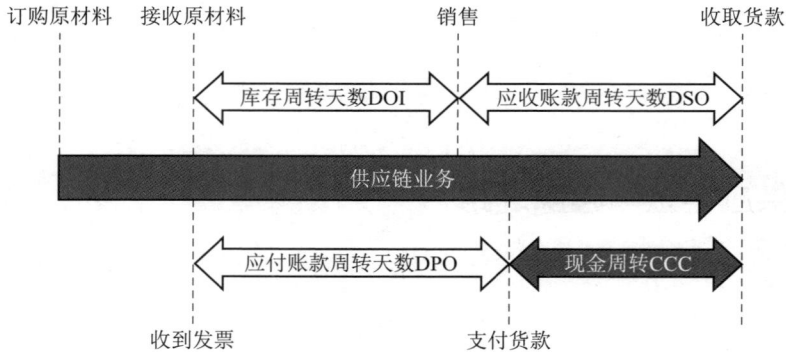

图 1.2　供应链企业现金周转概况

从供应商收到原材料到需要向上级供应商支付货款的天数，称为应付账款周转天数（days payable outstanding，DPO）；从供应商收到原材料到生产加工出产成品并销售给核心企业的天数，称为库存周转天数（days of inventory，DOI）；从供应商将货物出售给核心企业到收到货款的天数称为应收账款周转天数（days sales outstanding，DSO）。

应收账款周转天数（DSO）＝月平均应收账款金额÷月销售金额×30，即为一个月的平均应收账款周转天数。

应付账款周转天数（DPO）＝月平均应付账款金额÷月采购成本×30，即为一个月的平均应付账款周转天数。

库存周转天数（DOI）＝月平均库存÷月销售成本×30，即为一个月的平均库存周转天数。

现金周转周期（cash conversion cycle，CCC）＝DOI＋DSO－DPO。

如果现金周转周期越长，说明企业资金流出速度大于流入速度的幅度越大，企业可能陷入资金周转困难的境地；如果现金周转周期越短，说明现金流入更快，企业资金运营更好。

现金周转周期模型的提出，对供应链管理有重大意义，现金周转周期成为衡量供应链效能的重要指标，供应链需要通过资源整合提升效能、降低供应链综合成本;优化现金周转周期需要跨越供应商、下游渠道及终端客户的隔栅,为全面有效评价供应链整体绩效提供了基础。

2. 供应链金融源于产业发展的内生需求

现金周转周期被认为是企业供应链绩效衡量最为重要的指标和工具,其基本思想是单位货币从原材料投入到市场价值实现的时间周期。

核心企业优化现金周转周期主要是影响以下三个因素:

(1)缩短应收账款周期。管理应收账款主要是为了控制或限制现金支付,实现资金的快速回笼,一般常用现金折扣方式鼓励采购企业快速支付,缩短应收账款的回收周期。此外,对拖欠账款应当索取利息,并要求这类客户立即付款。接受电子支付也能够加速资金回收,应收账款的降低能够减少运营资金,在月度销量不变的情况下,有效降低了应收账款周转天数。

(2)延长应付账款周期。为了达到这一目标,可以在最后时刻支付原材料、库存、薪金等成本费用。此外,减少对外支付的频率,或者直到销售实现后才对上游企业进行应付账款支付承诺,这些都是延长应付账款天数的有效手段。

(3)降低库存周转天数。降低库存周转天数的方式有:优化生产交付周期、加快库存周转、控制过量库存、采用有效的生产和库存战略。

核心企业上下游分散着众多中小型企业,核心企业掌握价值链的分配权,对上下游现金周转周期有绝对控制权。在商业环境中,核心企业很容易将自身的企业现金流优化需求通过缩短应收账款周期和延长应付账款周期的方式传递至上下游企业,导致上下游企业经营压力增大。而良好的产业链环境,需要保证整个产业链的健康发展,而非特定企业自身资金运营良好,要优化整个供应链的运营资金,提升整体的供应链效能,需要从系统的视角去探索现金周转周期。

供应链整体效能依赖参与企业的协同效能,上游供应商、核心企业和下游渠道商整体现金周转周期缩短才能提升供应链的竞争力。

$$CCC_{供应链} = (DOI + DSO - DPO)_{上游供应商} + (DOI + DSO - DPO)_{核心企业} +$$

$$(DOI + DSO - DPO)_{下游渠道商}$$

综合来看,现金周转周期一方面反映了企业内部生产交付、仓储管理、物流配送各环节的协同运作效率、企业内部运营整合能力和完善程度;另一方面,现金周转周期也衡量了供应链上多家企业间的综合效能。供应链金融的产生就是基于供应链上各个企业内部及企业间对效能的内在需求。供应链金融并不是新生事物,在没有供应链金融概念的时期,企业常用贸易信用、动态折扣、库存质押(其实这些也是供应链金融产品)来优化现金周转周期,接下来我们介绍传统优化供应链效能的方法,这些方法也是供应链企业间基于自身需求萌生的优化方式,为后续供应链金融发展奠定了基础。

3. 供应链效能管理与现金折扣

供应链企业通过有效的补偿机制缩短付款周期是缩短现金周转周期的关键。例如,当客户的资金成本低于供应商的资金成本时,可以由客户筹集资金提前付款给供应商,这样就可以降低供应链整体资金成本。然而客户提前支付会增加客户的资金成本和费用,从而削减客户利润,这时就需要设计一种补偿机制,能够让客户在不减少利润的前提下,提前将资金支付给供应商,这种补偿机制最典型的方式是现金折扣。从企业的角度看,提高折扣使用率和折扣率能很好地改善企业的现金流,同时也能使下游企业通过折扣获益。

那么,如何设定现金折扣呢?折扣管理是企业在现实中改进现金流比较常用的一种手段,它是通过鼓励客户企业提前支付而给予企业价格优惠的管理形式,折扣率的设定会对资金流产生影响,而折扣管理又涉及信用账期和现金折扣率。

(1)信用账期:信用账期是供应链金融账期的雏形,底层逻辑就是贸易周转周期。

(2)现金折扣率:现金折扣率是供应链金融融资费率的原始形式,两者差异在于：企业设置现金折扣率更倾向于对标市场融资成本，优化链条中金融势能由高向低传递，而供应链金融融资费率在现金折扣率的基础上做了对风险溢价的修正。

现金折扣率按如下公式求得：

$$现金折扣率=\left(1+\frac{折扣}{1-折扣}\right)^{\frac{365}{信用期-折扣期}}-1$$

例如赊销信用账期为 30 天，现金返点政策奖励为前 10 天还款获得 1％现金折扣，折算后提前付款的现金折扣，若不考虑金融风险溢价，相当于获取了费用成本为 20.13％的供应链金融服务。

$$现金折扣率=\left(1+\frac{0.01}{1-0.01}\right)^{\frac{365}{20}}-1=20.13\%$$

现金折扣率需要建立在交易双方中一方信用要高于另一方信用的基础上，交易中的金融势能才能通过现金折扣的方式传递至势能相对小的一方，从而优化产业链效能。

折扣管理是供应链金融中应收账款融资和应付账款融资的底层逻辑，保理业务最根本的业务需求产生于产业链企业对现金周转周期的实际需求。

4. 供应链金融保理业务

在交易过程中，一旦形成了票证、提单等，交易双方就构成了应收应付的关系，并基于债权和债务关系产生了诸多供应链金融业务，包括保理、反向保理、福费廷、动态折扣等。宋华在《智慧供应链金融》中对供应链金融常见的业务模式做了总结。保理（factoring）又称托收保付，是供应商将其现在或将来的基于与买方订立的产品销售/服务合同所产生的应收账款转让给保理商（提供保理服务的金融机构），由保理商向其提供资金融通、买方资信评估、平台业务管理、信用风险担保、账款催收等一系列服务的综合金融服务方式。在保理形式下，供应链金融业务的担保物是买卖双方形成的商业票据，信用保证的提供者是供应商，融资服务的提供者是金融机构，供应链金融的受益者是供应商。供应链金融保理业务概况如图 1.3 所示。

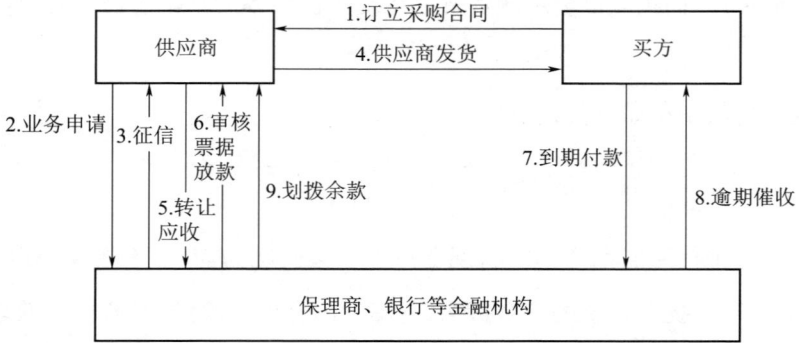

图 1.3　供应链金融保理业务概况

反向保理(reverse factoring)又称买方保理,是指由债务人(义务人)发起业务申请的保理。与一般的保理业务不同,在反向保理中,保理商进行风险评估的对象是作为供应链核心企业的买方,而不是像保理业务中那样对供应商进行信用评级。此外,由于对买方比较了解,保理商可以选择那些买方提前批准表示同意支付的应收账款进行融资,这大大降低了保理商的风险,同时使得供应商的融资成本降低。因此,在反向保理中,融资的担保物是买方(核心企业)提供的票证,信用保证的提供者是买方,供应链金融的受益者是买方支持的供应商。反向保理业务概况如图 1.4 所示。

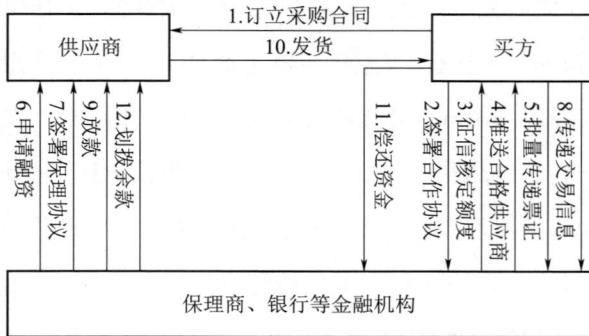

图 1.4　供应链金融反向保理业务概况

5. 供应链效能管理与库存优化

前文介绍过核心企业现金周转周期模型为 CCC＝DOI＋DSO－DPO。供应链是由核心企业及上下游企业组成，由此供应链协同现金周转周期为上下游企业现金周转周期整合（见图 1.5）：

$$\text{CCC}_{供应链} = (\text{DOI}+\text{DSO}-\text{DPO})_{上游供应商} + (\text{DOI}+\text{DSO}-\text{DPO})_{核心企业} + (\text{DOI}+\text{DSO}-\text{DPO})_{下游渠道商}$$

，其中卖方企业的应收账款周期即买方企业的应付账款周期，所以 $\text{CCC}_{供应链}$ 可以简化为 $\text{CCC}_{供应链} = \text{DOI}_{上游供应商} + \text{DOI}_{核心企业} + \text{DOI}_{下游渠道商} + \text{DSO}_{下游渠道商} - \text{DPO}_{上游供应商}$，即供应链中各阶段的库存周期加上最后环节的应收账款周转天数减去最初环节的应付账款周转天数。由此可知，要缩短供应链现金周转周期，除了需要优化应收账款周转天数、应付账款周转天数，还需要降低供应链中企业的库存资金占用，以实现最大整体效能的提升。顺应业务需求，供应链金融的仓单质押融资和存货融资就是基于库存优化的业务背景产生。

在供应商生产出产品、向买方发运产品的过程中，主要的供应链金融业务是仓单质押融资以及存货融资等。

仓单质押融资（warehouse receipt financing）是金融机构基于仓库中质押的仓单向供应商提供融资的金融业务。该业务的担保物是经营中的库存仓单，信用保证的提供者是管理存货的第三方仓储管理方，如图 1.6 所示。

存货融资（inventory pledge financing）是金融机构基于存货向需要融资的企业（借方）提供融资的业务，该业务使用借方的存货作为质押物，这种形式的融资可帮助企业满足扩大产能、设备更新或材料供应的营运资金需求。该业务与仓单质押融资业务非常相似，二者区别一方面在于仓单质押融资的信用保证提供者是仓储企业，而存货融资的信用保证提供者是借款方；另一方面，仓单质押融资的担保物是仓单，而存货融资的担保物含义较为广泛，可能是各种形式生产中形成的库存（如原材料、半成品库存、产成订单），因此，中小企业的资金

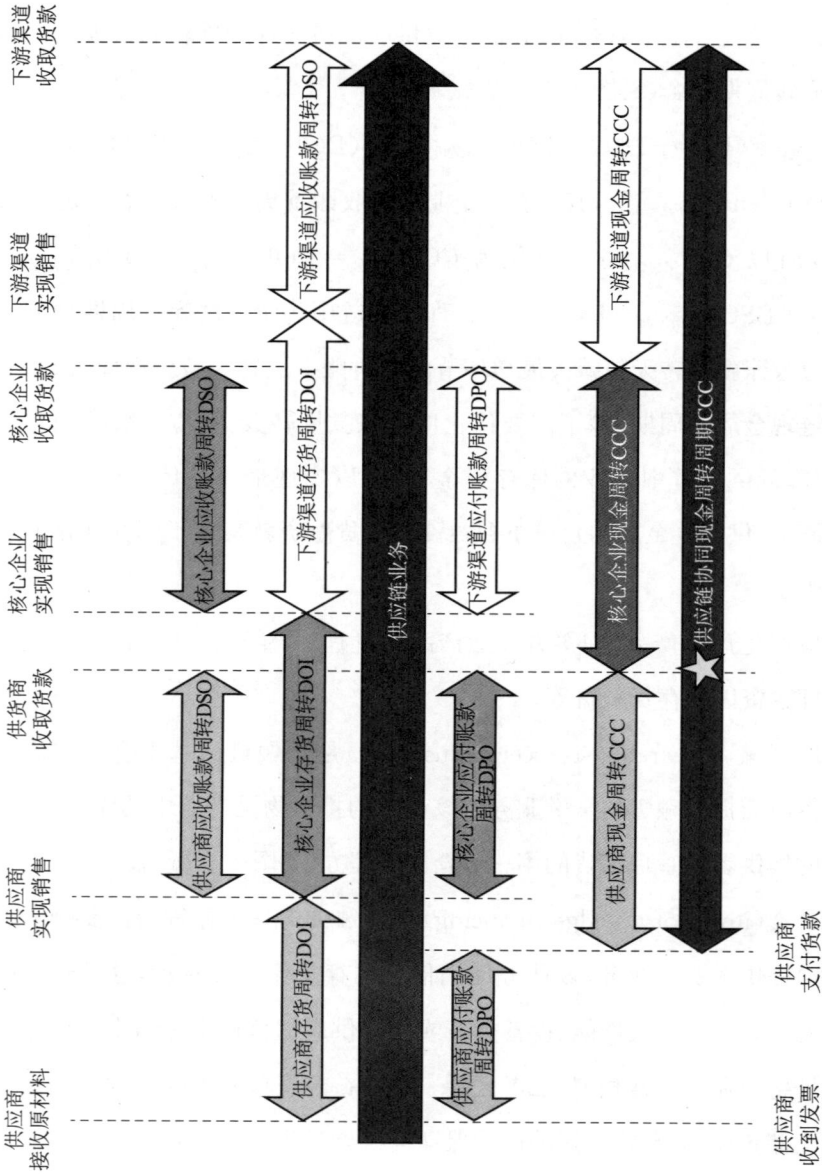

图 1.5　供应链现金周转周期模型

利率依赖于买方的信誉和信用。供应链金融存货融资如图1.7所示。

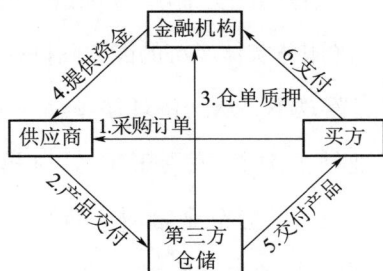

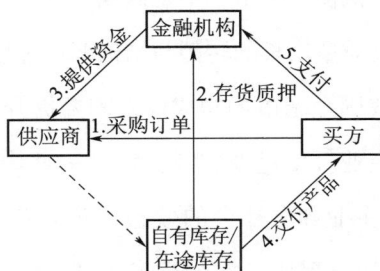

图1.6　供应链金融仓单质押融资概况　　图1.7　供应链金融存货融资概况

> **小结**
>
> 　　出于对产业供应链效能的追求,通过现金周转周期的量化,供应链管理产生了金融业务需求,其中,现金折扣是供应链中有效的补偿机制,也是缩短付款周期、降低现金周转周期的关键,现金折扣管理中的信用账期和现金折扣率是供应链金融保理业务的产品原型;库存优化是降低现金周转周期的另一关键途径,同时对库存管理的需求促成了供应链金融仓单质押和存货融资。

自2010年起,系统化、集成化管理的需求伴随着信息化的发展,大型产业供应链完成了产业链数据化改造、物流平台全程信息化、互联网平台整合了产业链企业资源、物联网实现万物互联、区块链技术可追溯去中心化创新、大数据创新了金融科技,一系列科技进步降低了金融风险控制信息获取难度,增加风险评判维度,并且将在未来承载着供应链金融行业的全部想象。

二、寻求突破:金融体系结构性调整之需

产业的发展与宏观经济和金融体系环境的变化息息相关,中国经济目前仍处

于稳定增长、产业升级持续深化的阶段,实体经济对资金的需求仍然较大,资金使用效率低使金融市场不足以满足各个层次经济实体的融资需求,在经济由高速增长向高质量增长的转型与结构调整过程中,金融服务实体经济的能力亟待提升。

我国金融市场构成体系需要提升资源配置效率。从经济环境整体来看,部分大企业授信过度、产能过剩,一些中小企业缺少融资、发展艰难,这种模式对银行、企业和全社会的效益来说都有一定弊端。供应链金融对实现供给侧改革,解决金融服务实体经济、实现普惠金融,均将起到关键作用。供应链金融的意义不是套利导向,不是简单的中间业务,不是金融绕道放杠杆。供应链金融的意义在于真正依托产业、服务产业,使产业链真实运行效率、资源配置效率更高效的金融实现方式。在新经济环境中,供应链金融具有以下现实意义:

1. 解决中小企业融资难、融资贵

融资难:大量中小企业被银行忽视,一方面是由于信用缺失、固定资产等抵押担保品少、财务信息不透明导致风险大;另一方面线下成本相对贷款额显得过高。供应链金融伴生供应链交易,解决了信用缺失和信息不对称问题,打破中小企业与金融机构的信息壁垒,同时通过大数据风险控制降低交易边际成本,有效解决中小企业融资难的问题。

融资贵:金融利差体现的是企业的信用差,供应链中的企业信用是核心企业自身信用、供应链闭环资产的信用、中小企业的信用这三层信用的嵌套,多重嵌套的企业信用降低了风险溢价。

供应链金融利率出现在大型企业贷款流通利率区间,是一个很广的利率范围,全国一亿多家中小型企业在这个区间内。在现实中,由于信用评估难,往往导致多层次金融工具的缺失。然而,随着供应链金融产品的普及及大数据应用于量化供应链企业信用和评估风险定价,使得金融机构能够精准评估企业信用,提供多层次金融服务,降低了优秀中小企业融资成本。我国现有利率结构如图1.8所示。

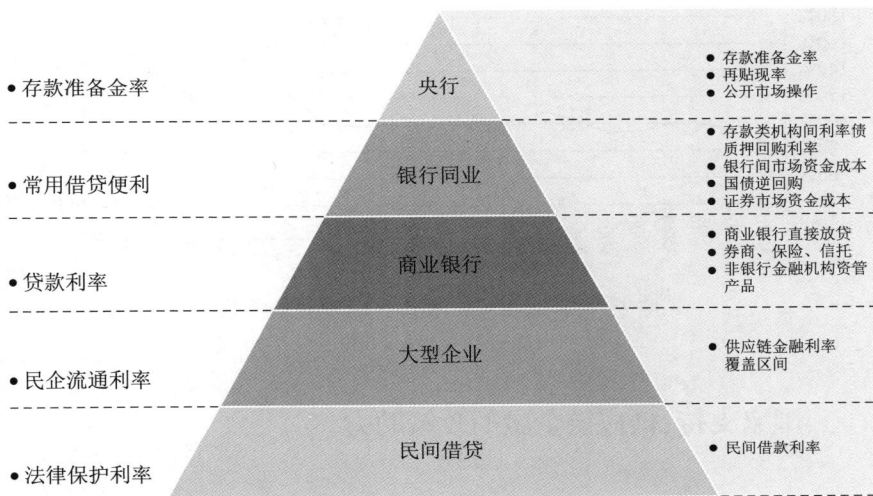

図 1.8　我国现有利率结构

2. 核心企业去杠杆

供应链企业为抢占市场份额、扩大销售、尽快实现利润转化,往往采取赊销方式,形成大量应收账款,这使得企业很大一部分现金流用于还本付息,导致用于维持正常生产经营的资金减少,不利于企业释放活力与促进经济增长。供应链金融解决了企业的应收账款问题,缩短应收账期,提升企业单位投资对产出的拉动效率,促使核心企业成功优化转型。

3. 依托产业、服务产业,产业链资源配置效率更高效的金融实现方式

近 20 年来,企业杠杆率一直在上升,我国总体杠杆率在 2008 年以前处于较低水平;但金融经济危机过后,加杠杆的时长及幅度水平逐渐提高。实体经济债务问题是新常态阶段宏观经济管理面临的重大挑战,其中非金融企业部门杠杆率高位运行、债务积累速度较快、杠杆结构不平衡和高杠杆债务风险等问题需要更高效的金融方式解决。非金融部门债务占 GDP 比重如图 1.9所示。

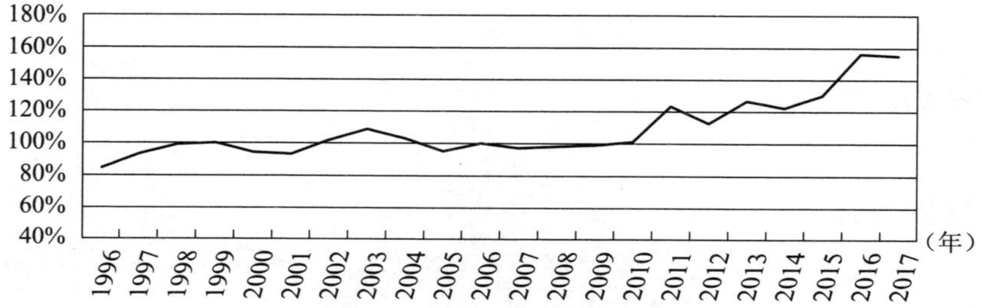

图 1.9　非金融企业部门债务占 GDP 比重

三、国家支持：供应链金融的政策助力

中小企业在我国经济运行和社会发展中占有重要地位，对于促进市场竞争、增加经济活力、推动技术进步，特别是在提供就业机会上具有不可替代的作用。中小企业是我国最具活力的一个经济体，也是促进就业、发展经济、推动创新的重要力量。一个可以印证的数据是，我国的中小企业贡献了 50% 以上的税收、60% 以上的 GDP、70% 以上的技术创新、80% 以上的城镇劳动就业以及 90% 以上的企业数量。长期以来，中小企业为我国经济社会发展作出了重要贡献，但随着我国经济进入新常态，特别是 2020 年后，中小企业在转型升级和经济回升向好的发展过程中面临"融资难、融资贵"的问题日益突出，引起了社会各方面的高度重视。近期，清华大学和北京大学联合调研 995 家中小企业后发现，受环境影响，29.58% 的企业 2020 年营业收入下降幅度超过 50%，58.05% 的企业下降 20% 以上。同时，85.01% 的企业的账面现金难以维持生存 3 个月。

中小企业融资难主要表现在五个方面：贷款门槛高、信贷手续繁、办理增信难、资金时间匹配差、贷款稳定性弱。融资贵表现在四个方面：银行贷款利率高、第三方服务费用高、银行续贷成本高、民间融资成本高。

供应链金融的出现在一定程度上帮助中小企业走出了融资难的困境。供应链金融是一种融资方式，具有一定的创新性，其通过将企业和上下游企业进行关联和捆绑，实现资金流、信息流和物流等的融合和优化，帮助企业提高了运转速度，解决了发展资金问题，推动了企业稳健发展。

供应链金融得到国家的重视和支持，具体如图 1.10 所示。

供应链金融本身就是应产业发展需求而产生的，其实质是围绕供应链上的核心企业，通过管理上下游的资金流、物流来为整条产业链上的企业授信，为流动性紧张的供应链上的企业服务，具备服务中小企业和实体经济的功能属性，也是促进实体产业和金融业有效融合的服务工具。

作为产业结构调整的重要抓手，近年来供应链金融在政策层面获得的支持力度越来越大。

在 2017 年，国务院办公厅就印发了《关于积极推进供应链创新与应用的指导意见》，明确提出要积极稳妥发展供应链金融，推动我国供应链发展水平全面提升。

2018 年，商务部、工信部等八个部门又下发了《关于开展供应链创新与应用试点的通知》，提出在全国范围内开展供应链创新与应用试点，在有效防范风险的基础上开展供应链金融业务，鼓励金融机构积极发展流程型、智能型供应链金融业务，为上下游企业提供基于供应链的授信、保理、结算、保险等金融服务。

2019 年，银保监会发布的《中国银保监会办公厅关于推动供应链金融服务实体经济的指导意见》也强调了供应链金融在服务实体经济方面的重要作用，提出开展供应链金融，要重点支持技术先进、有市场竞争力、符合国家产业政策方向、主业集中于实体经济的产业链链条企业。

2022 年，国家发展改革委印发了《"十四五"现代流通体系建设规划》，这标志着我国现代流通体系建设的第一份五年计划正式"出炉"，供应链金融在三支撑重点之一，规划指出，要规范发展供应链金融，加强供应链金融基础设施建设。统一供应链金融数据采集和使用的相关标准、流程，确保数据流转安全合规，加快人工智能、大数据、物联网等技术应用，为供应链金融线上化、场景化及

多项利好法规和政策以加速供应链金融行业和商业保理行业的发展和创新

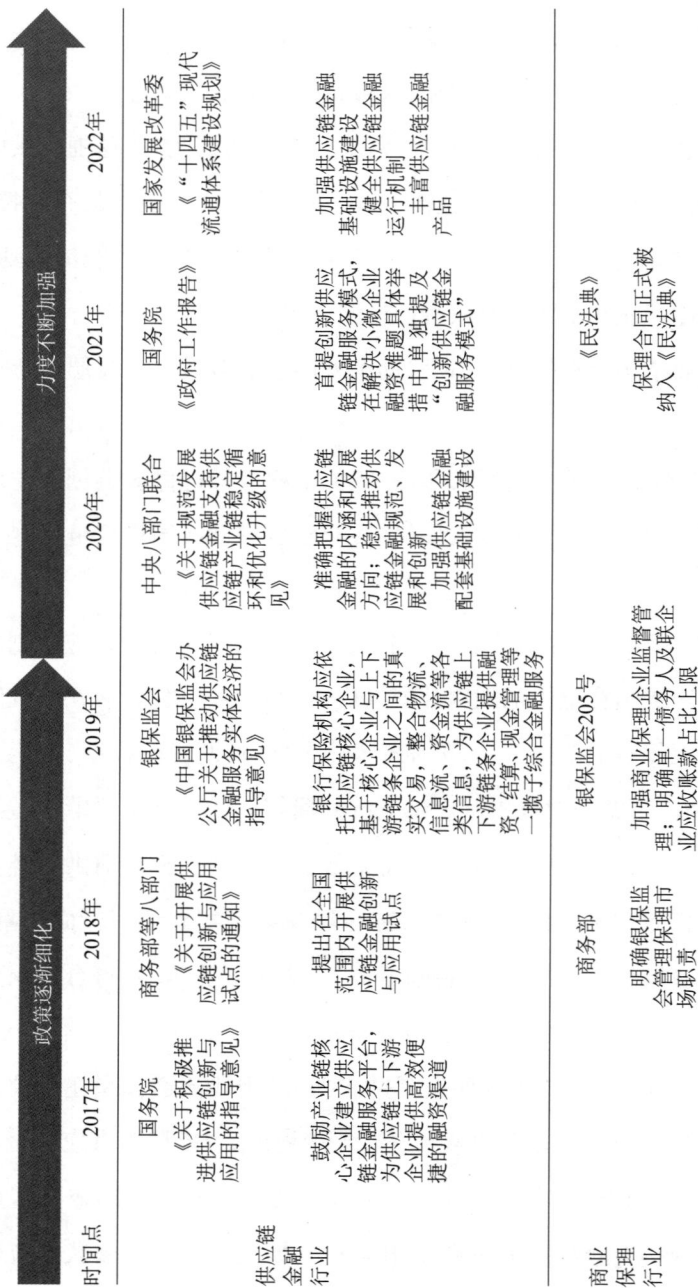

政策逐渐细化 → 力度不断加强

时间点	2017年	2018年	2019年	2020年	2021年	2022年
供应链金融行业	国务院《关于积极推进供应链创新与应用的指导意见》鼓励产业链核心企业建立供应链金融服务平台,为供应链上下游企业提供高效便捷的融资渠道	商务部等八部门《关于开展供应链创新与应用试点的通知》提出在全国范围内开展供应链金融应用与创新试点	银保监会《中国银保监会办公厅关于推动供应链金融服务实体经济的指导意见》银行保险机构应依托供应链核心企业,基于核心企业与上下游链条企业之间的真实交易,整合物流、信息流、资金流等各类信息,为供应链上下游链条企业提供融资、结算、现金管理等一揽子综合金融服务	中央八部门联合《关于规范发展供应链金融支持供应链产业链稳定循环和优化升级的意见》准确把握供应链金融的内涵和发展方向;稳步推动供应链金融规范、发展和创新加强供应链基础设施建设配套基础设施建设	国务院《政府工作报告》首提创新供应链金融服务模式,在解决中小微企业融资难题具体举措中单独提及"创新供应链金融服务模式"	国家发展改革委《"十四五"现代流通体系建设规划》加强供应链建设基础设施建设健全供应链金融运行机制运行机制丰富供应链金融产品
商业保理行业		商务部 明确银保监会保理市场监督管理责	银保监会205号 加强商业保理企业监督管理:明确债务人一债务人及关联企业应收账款占比上限		《民法典》保理合同正式被纳入《民法典》	

图1.10 多项利好法规和政策

风控模式转变提供技术支撑。

金融工具是国家资源配置的方式,科技创新之今日,在国家供给侧改革、产融结合的经济改革环境下,必然推动金融创新及创新金融的迅猛发展,供应链金融方兴未艾。

四、科技驱动:金融变革下的新生产工具

科学技术是第一生产力。随着 IT 技术蓬勃发展,产业供应链 ERP(企业资源计划)数字化革命使得产业信息保存为结构化数据,不仅增加产业链运营效率,同时也为金融融入产业链奠定数据基础,让更多的金融机构和业务能有机连接产业链系统、服务产业供应链。

(1)供应链场景数字化使金融业务能穿透了解资产。借助于企业运营电子平台,金融机构能够在供应链场景下清晰地了解供应链运营中的资产和资产的流动状态。供应链借助电子平台精细化内部管理,也使得供应链金融预警更及时、更精准。

(2)供应链场景数字化降低金融产业边际成本。一条完整的产业链,大概 80% 企业是中小企业,资金紧张是这些中小企业面临的普遍问题。传统金融机构,因信息获取难度大、监控成本高、风险评估困难等原因,对上下游中小企业爱莫能助。信息技术推动供应链场景化,信息获取的边际成本近乎为零,天然适合解决中小企业信贷收集的成本要求。

如果说近 20 年的技术变革催生了供应链金融产业,那当前的金融科技随着互联网化成为金融开展业务的重要手段。中国人民银行印发的《金融科技发展规划(2022—2025 年)》指出:"金融科技作为技术驱动的金融创新,是深化金融供给侧结构性改革、增强金融服务实体经济能力的重要引擎。"以物联网 IoT、人工智能 AI、区块链、云计算、大数据、边缘计算为代表的新兴技术

是新一轮金融发展的科技引擎。

1. 科技使万物金融资产化，科学技术助力拓展金融服务场景

一家研究分析公司此前预测，互联传感器与端点将超过 200 亿个，互联传感器服务于数十亿个物联网设备，大量数字化资产将随之产生甚至有望超过现有的物理性资产，这或将成为供应链金融发展的关键点之一。物联网带来的信息共享形成了对应的数字资产，这拓展了金融服务场景，为金融行业智能化服务提供了支持。

2. 科技创立无边界、开放的信任环境

供应链金融围绕核心企业覆盖其上下游中小企业，需要商业银行、供应链金融服务机构等资金端的支持，物流、仓储等企业的参与，以及企业信息技术服务、金融科技服务等。在多主体参与的环境中，协同合作的基础是信任与利益分配。区块链作为一种分布式账本，为各参与方提供了平等协作的平台，降低机构间信用协作的风险和成本。这就要求供应链上的信息可追踪且不可篡改，多个机构之间数据实时同步，可实时对账。

区块链在供应链金融的另一个应用场景是应付账款的拆分及流转。传统贸易融资中的商票、银票流转困难，且不可拆分，应收账款、预付账款、存货等更是如此。通过在区块链平台上登记，将此类资产数字化，流转更容易，而且可以进行拆分，方便企业根据自身的需求转让或抵押相关资产以获得现金流支持。

3. 科技降低了金融服务方和客户之间的信息不对称

大数据所展现出来的价值，首要体现为在征信领域中降低了金融服务方和客户之间的信息不对称。传统金融业的授信评估，主要是通过分析企业的财务状况得出其还贷能力，而透过企业财务数据展现经营状况的真实性是难以保证的，并且财务数据更多是在描述过去已经发生的事件，无法及时反映企业每天都在变动的生产、销售情况。不同的是，在供应链金融中的信用是核心企业自

身信用、供应链闭环资产的信用、中小企业的信用这三层信用的嵌套。以长期真实交易数据为基础的真实信息和数据,正是以担保和抵押为依托的现有信贷体系的基础,对于企业信用的评价和管理是基于供应链上下游企业间信用的延伸,并且通过对交易流程信息的管理能够较为迅速地观察企业的经营活动。核心企业大数据和数据模型,支持供应链金融各项决策,包括从前端营销获客至后端风险定价、信用审核、贷后风险控制监控等。

表 1.1　供应链金融相关的科技类型及应用场景

	科技金融意义	供应链金融应用场景
IoT 物联网	万物互联是实现智慧供应链金融的基石	万物金融资产化,结合 5G 传输创造数据资产,形成动态可监控的金融生态,创造产融互联的根本信息来源
Ai 人工智能	赋能信用量化	OCR(光学字符识别)精准度 NLP(自然语言处理)交叉验证 AI 深度学习
Block chain 区块链	创立无边界开放的信任环境	平台信用可追溯拆分
Cloud computing 云计算	突破生产力瓶颈	供应链 SaaS(软件运营)服务
Data 大数据	降低了金融服务方和客户之间的信息不对称	提升风控数据能力 赋能精准营销 构建全供应链周期的商业数据体系
Edge computing 边缘计算	支持高效运算;5G 时代,结合物联网金融"元宇宙"	基于边缘计算的现实数字孪生形成工业数字资产

03 供应链金融特征观察

一、贸易自偿性

自偿性是指供应链金融产品都是以供应链上企业所生产产品的销售收入为还款来源的,授信金额和期限也按照真实的交易情况作出合理的安排,具有很强的灵活性,是"借一笔—完一单—还一笔"的自偿自贷模式。自偿性理论产生于商业银行发展初期,并于 18 世纪被英国银行界接纳,随后被日本和欧美各国分别采用。自偿性理论强调基于贷款的自动清偿,自偿性理论产生于没有中央银行体制的时期,银行要维护自身资金的流动性就要将资金集中于短期自偿性贷款。该理论认为商业银行的资金源于短期存款,且流动性很强,因此商业银行应该将其运用资金的业务集中于短期的自偿性贷款。短期自偿性贷款包含发票贷款、合约贷款、应收账款贷款、票据贴现贷款等期限不长且有确定的还款来源的贷款。自偿性贷款能够自动偿还贷款,保持了资金的高度流动性。此类贷款强调贷款是以真实商业行为为基础背景,企业产销相结合,同时以真实的商业票据作为抵押。自偿性理论是在信用关系不够广泛、企业规模较小、企业需要向银行借入商业周转性流动资金的环境下产生的。同时,商业银行也能够获得稳定的获利和良好的安全性。自偿性贷款中,商业银行依据企业的传统评级做出信贷决策,注重真实交易背景和对单次融资过程的控制,保证信贷资金在融资

过程中封闭运行。正是有自偿性,供应链金融具有以下优势:

1. 真实的贸易背景,降低尽调难度

在供应链中,供应链金融可以通过核心企业来确定其与中小企业之间的贸易关系,掌握企业之间贸易真实性。贸易自偿性特征的存在使银行更关注对融资企业的每一笔贸易活动,考察贸易活动是否真实、贸易活动风险是否可控、交易双方履约能力、履约历史是否良好。对于企业而言,供应链金融重交易轻担保的特点降低了企业的融资门槛;对于传统金融信贷而言,相比于调查信息不对称的中小企业,基于贸易背景下调查难度将大为降低。

2. 可靠的还款来源

供应链金融的第一还款来源为贸易活动自身所产生的现金流。银行在信贷前就能掌握交易对手、内容、金额、历史记录等信息,可以提前评估贸易活动的风险状况,并对贸易活动中可能出现的风险提前规避或预防,加强了风险控制。同时,中小企业的交易对手为核心企业,其实力强劲、资信良好,在交易中出现违约的可能性很低,第一还款来源稳定度、可靠度都较高。

3. 易控资金去向

在贸易真实性确定的条件下,资金的去向也变得十分清晰,金融机构定向支付给上游贸易企业,确保资金用途。

二、行业逆周期性

行业经济周期性分为顺周期和逆周期两类。一个行业在经济周期的不同阶段有不同的表现,经济环境好时,某个行业的表现也比较好,跟经济周期同涨同跌,这就是顺周期行业;而有些行业在经济环境不好时却能逆势上涨,这样的行业就是逆经济周期行业。不少逆周期产业都是在经济周期进入衰退期发展起来的,比如文化产业,在 1929—1933 年美国大萧条期间,美国经济遭受重创,失业率一度高达 25%,文化产业如好莱坞电影却迎来了重大发展。供应链金融应收账款转让具有逆周期性,主要是指在经济下行期应收账款保理业务成为银行信贷传统金融业务的替代。近十年全球保理行业一直保持 8% 左右的年复合增长率(CAGR),总体表现出强劲的发展势头和典型的逆周期特点。全球保理业务量如图 1.11 所示。

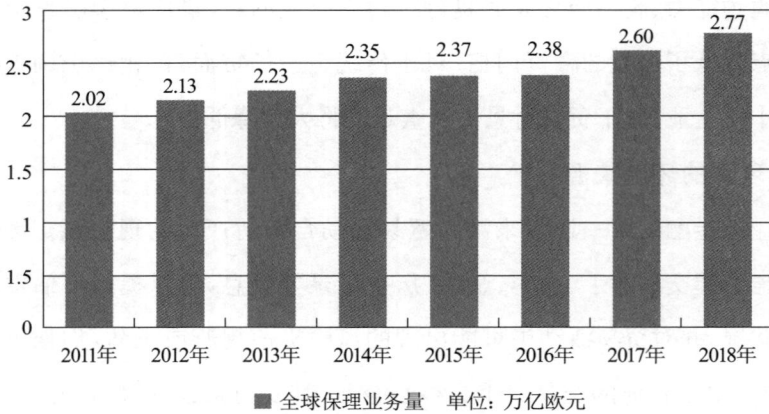

图 1.11 全球保理业务量

商业保理逆周期状况在全球都出现过,即在经济下行的时候,商业保理起步并经过一段时期,整个商业保理就会整体平稳发展。据中国服务贸易协会商业保理专业委员会测算,2016 年中国商业保理业务量约为 5 000 亿元,约为 2014 年的六倍,但与银行业的数字相加后,仍不能改变中国整体保理业务量下降的状况。

近些年,越来越多企业对应收账款管理的需求不断增加,这成为商业保理公司生生不息的强大推动力。下面两个原因导致了保理业务异常火爆:第一,注册的门槛低,特别是在一些地区享有优惠政策,没有设立保理公司的前置审批,自然人就可以注册,注册资金也不要求一步到位;第二,市场普遍看好保理这种新兴的供应链金融业务,因此许多人都带有投机心理,无论是否具备条件或能力,都先行登记。然而,从事保理业务存在着一定的限制,无论从事保理业务还是融资渠道,如果保理公司的股东实力不够强大,那么银行融资可能都难以获得,上市融资也没那么容易。所以,保理公司自身融资也是决定很多公司做强、做大的一个重要因素。最近,虽然商业保理行业成为投资热点,商业保理企业数量出现爆发式增长,各种创新和亮点层出不穷,但绝大多数公司成立时间不长,尚未正式开展业务,即便已经开业的公司其业务规模也不大,整个行业仍处于起步阶段。

三、长期稳定性

供应链金融的交易活动发生在整条产业链上,只要整个产业不出现系统性风险,交易场景就会周而复始地发展下去,供应链参与企业建立长期稳定的合作关系,因而供应链金融具有长期稳定的特征。

四、信贷整体性

供应链金融信贷融资整体性体现在融资主体的范围上,它涉及了供应链上几乎所有的企业。在信贷结构上,供应链金融不仅提供众多短期融资的方案,还提供了长期融资的形式,其融通资金几乎都以供应链中物流、信息流和资金流为依据进行整体性分配。

五、风险易控性

在供应链金融业务中,银行能够很好地对真实性交易进行预测和确认,并且在发放贷款后,能直接控制资金和物流的去向,保证资金的安全。中小企业融资难的根源是银企信息不对称造成的逆向选择,因此要满足中小企业融资需求,破解中小企业信贷融资难的问题,就需要缓解银行和中小企业间的信息不对称问题。在供应链金融业务管理中通过协调物流、信息流和资金流,能够很好缓解信息不对称问题和降低融资的交易成本,中小企业融资的可行性问题得到了有效解决。

04　供应链金融方兴未艾

供应链金融方兴未艾,这是近年来金融领域的一个显著趋势。供应链金融是一种集物流运作、商业运作、金融管理及供应链管理的高级形态,它是将供应链上的相关企业作为一个整体,根据交易中构成的链条关系和行业特点设计融资方案,为各成员企业提供灵活的金融产品和服务的一种融资创新模式。其方兴未艾的原因主要有以下几点:

(1)随着全球化和数字化的深入发展,企业间的商业活动越来越复杂,对供应链金融的需求也随之增长。企业希望通过优化供应链管理,提高资金的使用效率,降低运营成本,而供应链金融恰好能够满足这些需求。

(2)据国家统计局数据显示,2021 年全国规模以上工业企业应收账款达18.87 万亿元,同比增长保持在 13.3%左右,企业融资需求长期保持高位增长,具体见表1.2、图1.12。

表 1.2　2016—2021 年全国规模以上工业企业应收账款年末余额(单位:亿元)

项　　目	2016 年	2017 年	2018 年	2019 年	2020 年	2021 年
应收账款总额	124 172	132 060.80	166 560.9	142 562.80	164 128.60	188 730.00
应收账款同比增速	9.60%	8.50%	8.60%	4.50%	15.10%	13.30%
流动资产总额	496 173.70	534 323.30	554 165.10	582 908.20	631 504.60	723 908.90
应收账款占流动资产比重	25.0	24.7	30.1	24.5	26.0	26.07

27

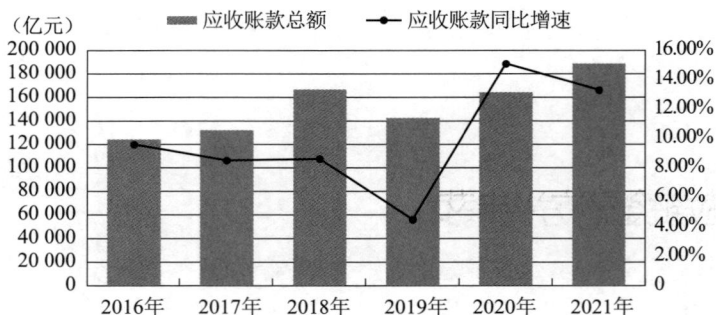

图 1.12　2016—2021 年全国规模以上工业企业应收账款总额及同比增速

（3）放眼全球，据国际保理商联合会（FCI）统计，国际保理市场及国内保理市场的业务量逐年增长，由 2016 年 18 688 亿欧元增长至 2022 年的 30 823 亿欧元，增长了 1.65 倍，我国的同期国内保理业务量增长了 1.91 倍，见表1.3、图 1.13。

表 1.3　2016－2022 年全球保理业务量（单位：百万欧元）

年　　份	国际保理	国内保理	保理总量	国内保理占比
2016 年	1 868 855	301 635	2 375 967	12.70%
2017 年	2 078 757	405 537	2 598 297	15.61%
2018 年	2 244 215	411 573	2 767 067	14.87%
2019 年	2 375 406	403 504	2 917 105	13.83%
2020 年	2 206 000	433 162	2 726 728	15.89%
2021 年	2 496 438	469 575	2 966 013	15.18%
2022 年	3 082 319	576 885	3 659 204	15.77%

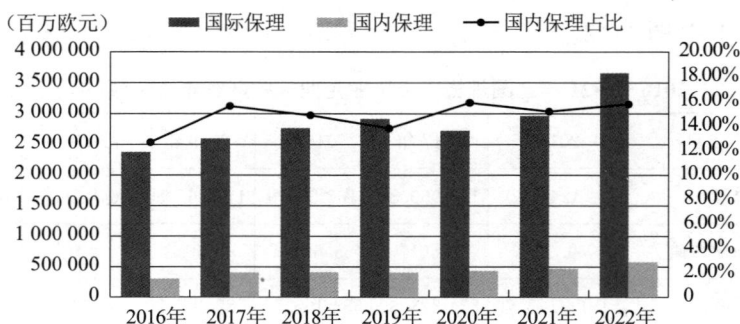

图 1.13　2016－2022 年全球保理业务量及国内保理与国际保理比例趋势

（4）区块链、大数据、人工智能等技术的快速发展为供应链金融提供了有力支持。这些技术可以帮助金融机构更好地了解供应链的运行情况，评估风险，提供个性化的金融服务。

（5）许多国家和地区都出台了相关政策，鼓励供应链金融的发展。这些政策为供应链金融提供了良好的发展环境，也为其未来的发展奠定了基础。

尽管供应链金融已经取得了显著的发展，但仍然存在一些挑战和问题，如风险控制、信息共享、法律法规等。因此，在推动供应链金融发展的过程中，需要各方共同努力，加强合作，不断创新，以应对未来的挑战和机遇。

总体来说，供应链金融的发展前景广阔，它将继续在优化供应链管理、提高资金使用效率、降低运营成本等方面发挥重要作用。同时，随着技术的不断进步和政策的持续支持，供应链金融有望在未来实现更加快速的发展。

05　供应链金融投融资市场一瞥

一、创投产业投资格局

资本市场从 2012 年起陆续布局供应链及供应链金融领域,融资规模在五年间从 39 亿元增长至 1 000 亿元,2018 年供应链金融创投市场融资规模达到历史峰值。2012—2021 年供应链及供应链金融的创投投融资事件达到 3 142 起,投资总额超 6 000 亿元,投融资趋势如图 1.14 所示。究其根源这个庞大的投资市场主要受以下几个层面的影响:

相关政策不断鼓励供应链金融支持中小企业融资服务;

金融资本从试水消费金融回归到价值投资,从 To C 端转向 To B 端投资,向商业保理、融资租赁等深入产业链中的类金融企业注入资本;

大数据科技、金融科技、产业信息化创新了产业整合能力。

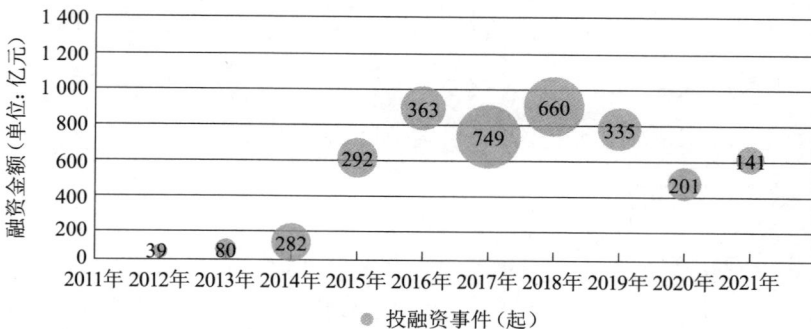

图 1.14　2012—2021 年总供应链金融投融资趋势

自 2019 年之后,供应链金融投融资市场出现集中化趋势,表面看起来整体投资总额稳中下降,但是单笔融资金额却逐年上升,如图 1.15 所示,这表示了投资者对市场潜力持有乐观态度。

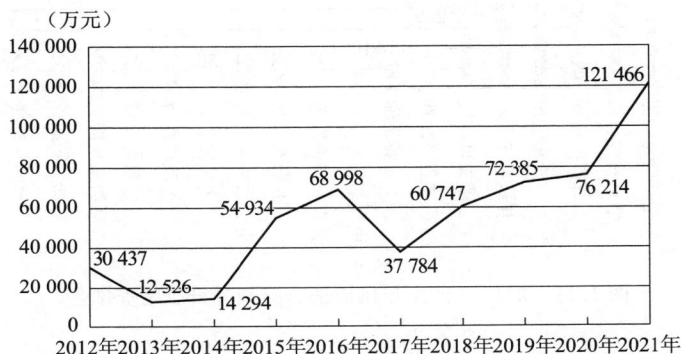

（万元）

图 1.15 2012—2021 年单笔融资金额趋势

二、创投侧重细分行业

自 2010 年以来,每个垂直产业的供应链都掀起了数字化改造的浪潮。中国互联网化和数字化对供应链进行了重塑,具体表现为各个垂直领域出现了新型的供应模式,具备更高的效率和更好的用户体验,这些新型的供应模式正在逐步替代原有的供应模式,而且供应链创新是一个持续深入的过程,供应链创新不仅改造流通方式,还会改造制造、终端消费方式。伴随着供应链改造的深入,创投市场目前在产业供应链每个机会点上都有比较深入的投资布局。产业供应链体系包括消费者、零售终端、流通分销、制造和研发五个大的节点,每两个节点通过物流进行连接。正如我们所看到的,在细分领域中投资者尤其关注物流交通、公路运输,占总投资额 16% 左右。另外,医药、农产品、工业机械、信息科技服务、金融服务也受投资者偏爱,如图 1.16 所示。

按照主营内容将供应链被投企业分成三类:第一类以保理、融资租赁、票据

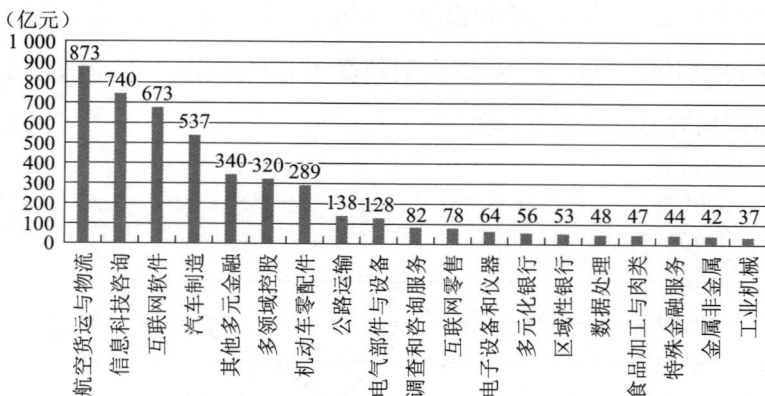

图 1.16　2012—2021年供应链金融细分行业融资排名

融资、贸易融资等为产业链中上下游企业提供金融服务的供应链金融企业；第二类以大数据、金融科技、征信、区块链等为行业提供技术服务的科技企业；第三类，布局行业制造和企业服务的产业链核心企业，如产业互联网平台、生产制造企业、贸易流通企业等。

　　产业链企业涉及的领域很多，包括生产制造等实体产业，所以企业数量和规模都相对较大，而供应链金融和金融科技都是以提供服务为主的企业，前者提供金融服务，后者提供技术服务。三者是息息相关的，供应链金融是以产业链为基础产生的，目的是优化产业供应链，而金融科技的发展也同时推动了供应链金融的变革，供应链智慧化以及各种创新型信息、通信技术，如大数据、云计算、人工智能和区块链等，都有效减少了产业活动、金融活动中的信息不对称和风险问题，也促进了新的金融模式或者商业模式的发展。

　　从投资数量分析，金融科技、信息服务等科技服务类企业投资笔数达1 000多起，毫无疑问是近几年最为热门的投资领域。投资热度逐年上升的还有提供金融服务的供应链金融企业，总体投资规模稳定上升，投资集中度（单笔投资规模）在近几年明显增高。细分场景融资事件如图1.17所示。

　　资本的去向通常可以反映整个市场的走向，很明显信息科技是未来发展的

（起）

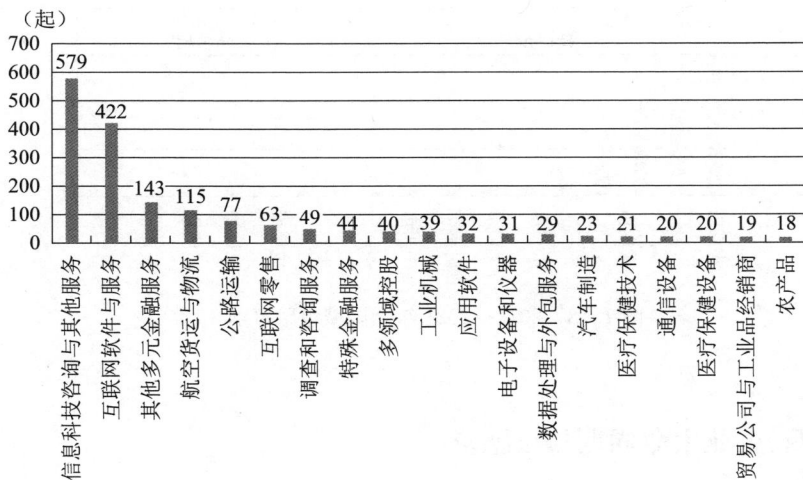

图 1.17　2012—2021 年供应链金融细分场景融资事件排名

大热领域,而与信息科技相结合的各种产业,如供应链金融、金融科技等行业也有很好的发展前景。2020 年外在环境的变化加快了人们生活方式的变革,无接触、远程的新型生活方式也带来了更多新型的商业模式,而信息科技在其中扮演了非常重要的角色,因此供应链金融的未来更要和科技进行结合,发展互联网＋供应链金融模式,利用好科技这一便利工具。

三、产业集群区域影响力

北京、上海等地区汇集着新兴科技产业、金融产业,由此它们成了供应链金融领域投资最活跃的地区,而创投行为又有地域聚集现象,由上海为中心的长三角和以广东为中心的珠三角地区,由于产业群集中、中小企业数量庞大、交易频繁、经济活跃、物流发达,为供应链金融企业的发展创造了先天优势,近十年超过一半的供应链金融创投融资投向了北上广及周边区域。此外,中西部地区的供应链金融主要是以川、渝地区为中心,但是和沿海地区还是有一定差距。2012—2021 年全国城市融资排行如图 1.18 所示。

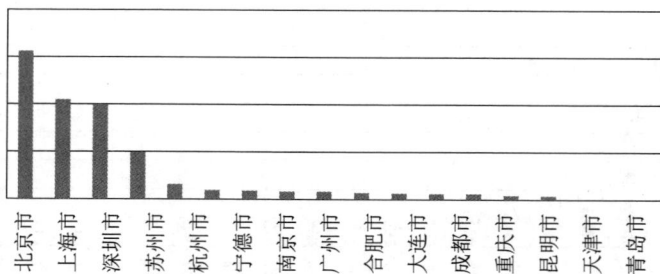

图 1.18   2012—2021 年全国城市融资前 15 名

（北京市、上海市、深圳市、苏州市、杭州市、宁德市、南京市、广州市、合肥市、大连市、成都市、重庆市、昆明市、天津市、青岛市）

四、企业生命周期与投融资

企业生命周期理论认为企业的发展分为初创、扩张、稳定和成熟四个阶段，企业在每个生命周期阶段中的特点都不同，根据其不同时期的特点实施相应的对策，才能找到维持企业发展的相对最优解，延长企业的生命周期，实现企业的可持续发展。

在初创期，企业逐步形成，规模不断扩大，需要大量资金来促进自身的发展，而投资者往往比较关注新兴企业的未来发展，企业在这时会面临众多的投资机会；在扩张期，企业逐渐形成稳定的盈利，由于还有迅速扩张的需要，还需要对外融资来进行发展；处于稳定期及成熟期的企业组织结构不断完善、管理经验日渐成熟，产品在市场上的地位也逐渐巩固，此时企业的利润稳定，对外界筹集资金的需求相对较低。

企业在不同发展阶段的融资需求、融资能力等都不同，所以不同阶段的融资情况也可能不同，创投事件多发生在企业发展早期，即初创期，十年间累计6 000 亿元投资体量中，超 80% 的投资事件投向初创公司。随着供应链金融行业逐渐成熟，如同能量传导一样，投资沿着企业发展轮动在后续的扩张期、稳定期和成熟期。2012 年至 2014 年资本热衷于初创企业；2015 年至 2018 年随着

供应链金融行业逐渐发展,扩张期和稳定期企业也获得了认可;2019 年至 2021
年稳定期及成熟期企业融资体量达到全年总投资额的 50%。这一明显变化体
现了供应链金融行业及投资市场均趋于成熟。供应链金融企业发展阶段融资
趋势如图 1.19 所示。

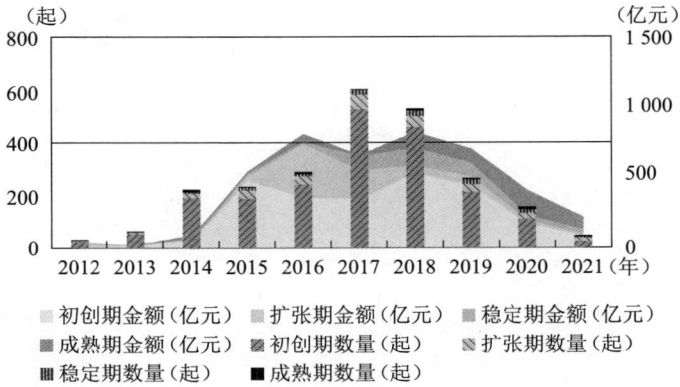

图 1.19　2012—2021 年供应链金融企业发展阶段融资趋势

第二章

供应链金融信用风险管理

特殊时期叠加全球经济周期性下行，大多数产业链危机不断，导致产业供应链金融风险持续累积，从产业链生态环境来看，供应链金融危机受经济环境、金融环境、政策监管环境等外部环境以及产业链内部包括供应链稳定性、供应链上下游结构、产业链供给能力影响，外部环境和内部环境分别转为不可分散的外生风险和可以分散的内生风险。风险管理主要是针对可分散的内生风险，逐步采用科学统一的风险量化方法建立完整的风险控制体系和流程，实现对风险的科学管理，风险量化关键在于搭建风险指标体系，得到风险变量并收集历史相关数据，借鉴常用建模方法，建立能描述该风险变量在未来变化的概率模型。供应链金融信用是由供应链和供应链融资主体两层信用嵌套，对供应链金融风险的评估包括供应链整体评估和融资企业风险评估，风险量化及预测将包括供应链行业风险量化和企业主体风险量化两大方向。

01　从供应链全球危机看信用风险积聚

全球工作资本需求（WCR）清晰地反映了供应链的健康状态。WCR 通常包括应收账款周转天数和存货周转天数、应付账款周转天数等指标。DSO 也被称为未偿销售天数，指企业从取得应收账款的权利到收回款项转换为现金所需要的周期，DSO 作为支付行为的重要指标用于评价供应链效能，DSO 值越小，说明产业效率越高。DIO，也称为库存周转天数，DIO 越低，表明企业存货管理效率越高，因为存货更快地转化为销售收入。相反，较高的存货周转天数意味着存货过多或销售速度缓慢，可能导致资金占用过多和资金流动性问题。

展望全球，2022 年上市公司的 WCR 增加了 9 天，达到了营业额的 72 天，这是自 2008 年以来最大的年度增长，此前 2021 年增加了 3 天。亚太地区（中国增加了 15 天，达到了 59 天，日本增加了 2 天）和西欧（增加了 7 天，达到了 68 天）均有所增加，而北美和中东欧地区的公司增加了 6 天。WCR 的增长也体现在 DSO 和 DIO 的增加，分别增加了 5 天（至 59 天）和 50 天，而账款支付延迟期轻微加速（1 天至 36 天）。这种快速的 DSO 和 DIO 的增长意味着公司收到销售款项所需的天数正在增加，表明更多的公司正在经历付款延迟，库存周转不灵，这可能导致现金流问题，供应链长期不稳定并且危机加深。

全球各地区有 17% 的公司在 90 天后才收到款项。供应商作为看不见的银行的角色正在全力回归，增加了系统的流动性风险。

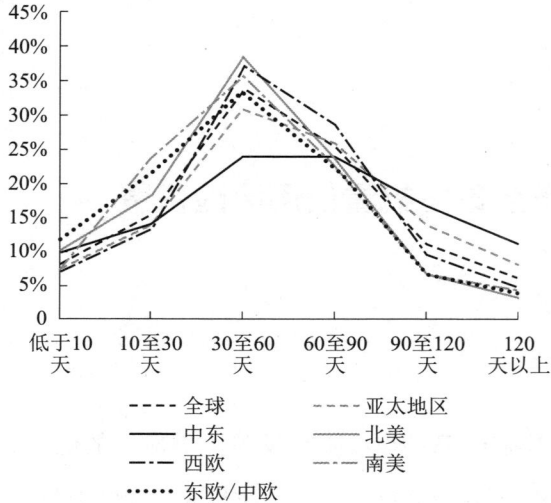

图 2.1　2022 年第四季度 DSO,按周转天数和地区划分,以公司数量的百分比表示

全球 DSO 的增加是自 2008 年以来迄今为止最大的,这意味着更多的公司面临着收款延迟,这可能会导致现金流问题。然而,不同地区、国家和行业之间存在着显著差异。

全球行业	2022 变化 DSO	DPO	DIO	WCR	Q4 2022水平 DSO	DPO	DIO	WCR
农业食品	7	5	-1	1	50	39	48	59
汽车	2	1	1	3	51	43	56	65
化学物质	5	1	8	11	69	43	65	91
大宗商品	10	1	-2	7	56	37	13	32
电脑电信	3	0	10	13	68	40	64	92
建设	7	1	2	8	72	44	48	77
电子产品	8	0	9	18	72	33	78	117
能源	-1	-2	0	1	48	34	23	37
家庭设备	3	-1	4	9	62	39	66	89
机械设备	6	2	9	14	79	47	79	111
金属	5	2	5	9	65	43	70	91
纸	4	3	5	6	63	49	46	60
药品	7	1	5	10	68	35	62	94
零售	3	2	3	4	24	34	46	36
金融服务	0	3	1	-2	46	23	34	58
酒店/餐饮/旅游	2	0	0	2	20	19	11	11
其他B2B服务	7	1	3	9	59	29	22	53
其他B2C服务	5	2	3	6	35	19	12	28
软件及资讯科技服务	8	2	3	10	62	24	15	53
纺织品	1	2	6	6	55	35	79	99
运输	4	-2	6	6	41	24	13	30
运输设备	15	2	10	20	77	44	75	108

图 2.2　2022 年各行业 WCR 子指标数值变化及 Q4(第四季度)数值

WCR及子指标等数据变化表明,全球供应链风险在不断加深,在全球当前环境下,企业一方面延长供应商的付款期限,另一方面同时向信贷机构寻求更多的信用额度。随之而来的将是不良贷款风险不断上升。在新时代背景下,帮助供应链企业应对危机,对于供应链风险的评价方法和风险管理应对措施也越来越值得探索。

02 从供应链金融生态环境看风险来源

供应链金融在较完善的供应链网络中可通过紧密的合作关系解决各环节资金问题,缩短现金周转周期并降低企业运营成本,在提高供应链企业运营效率的同时会受到供应链生态环境各方面因素影响,同时也对供应链金融经营产生一定的风险。

一、供应链金融生态环境

产业供应链金融是供应链和金融机构组成的服务生态,在金融活动中还有多方服务机构,如物流、保险公司、担保公司、科技平台,供应链金融生态系统是由多方参与主体、内部环境、外部环境三部分相互作用、相互影响而形成的。产业供应链金融生态如图 2.3 所示。

供应链金融参与主体主要有供应链企业及上下游资产主体、供应链金融产品主体和基础设施服务提供主体。

供应链企业及上下游资产主体:核心企业、供应链上下游各企业是融资的需求主体。

供应链金融产品主体:供应链金融机构提供供应链金融产品、资金的供给和支付结算等服务。

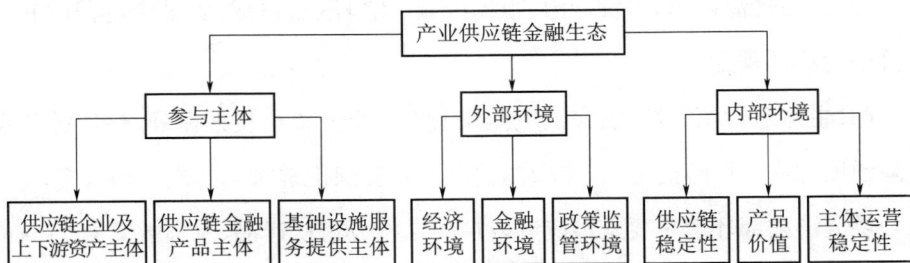

图 2.3　产业供应链金融生态

基础设施服务提供主体：为核心企业和金融机构提供各类信息，包括物流公司、仓储公司、科技服务公司、行业协会、保险公司等。

供应链金融产品和供应链金融市场也是构成其生态体系的重要部分。供应链金融产品是指金融机构所提供的信贷类产品，具体产品有存货质押贷款、保理池融资、预付款项融资等产品。金融机构除了提供信贷类产品外，还会提供其他一些增值服务，如现金管理等。供应链金融发展需要配套的基础设施服务提供主体：技术层面，包括电子信息技术、供应链金融技术、互联网与大数据等，尤其是电子信息技术，在供应链金融中越来越重要；业务层面，包括物流配送、仓储配送、担保、保险等。这些企业利用自身基础服务优势，链接资金提供方、融资对象，为整个产业供应链金融生态提供基础服务。

供应链金融外部环境主要有经济环境、金融环境、政策监管环境。

外部环境主要是当前宏观经济环境、金融环境以及未来发展趋势和周期波动；制度层面，包括经济、文化、政治及产业相关的政策以及其他法律法规；司法体系和监管体系也是非常重要的外部环境因素。外部环境是制约参与主体行动选择的约束条件，参与主体能创新性地改善供应链金融生态系统，从而维持供应链金融的可持续发展。

供应链金融内部环境包括供应链稳定性、产品价值和主体运营稳定性。

（1）供应链稳定性：供应链上下游结构、产业链供给能力。

（2）产品价值：商品议价能力、市场份额、竞争激烈程度、质量稳定程度和产品价格的波动程度。

（3）主体运营稳定性：供应链主体及上下游企业资金良性循环、供应链节点风险预测和应对风险的能力、在极端情况下恢复到正常状态的成本和效率。

供应链内部环境主要是供应链内在的结构、流程、产品、主体要素之间的依存关系。

供应链企业提供金融类服务时，一方面，将面临不同的外生风险，可能对经营产生影响；另一方面，供应链金融业务嵌入企业经营业务，如应收账款融资、库存融资和预付款项融资模式中，可能导致经营、财务状况存在一定的内生风险。

二、外生风险：不可分散风险

供应链金融外生风险，一般指外部经济周期、金融环境和产业政策发生变化对供应链金融造成影响，主要从宏观经济周期、政策监管环境和市场金融环境三方面来分析。

1. 宏观经济周期

经济周期波动是导致金融信用风险的本质原因，供应链金融在一定的经济环境中运行，金融活动涉及不同产业、融资平台和流动性服务商，一旦经济状况出现波动，将导致供应链金融模式中的环节主体面临较大的风险，从而导致整体供应链资金风险加剧。尤其在经济出现下行或衰退时，市场需求疲软，供应链中企业面临生存经营困难、破产等问题，最终造成金融活动丧失良好的信用担保。

2. 政策监管环境

传统金融活动主要由商业银行等金融机构主导，随着市场的快速发展以及企业的迫切扩张,为满足市场业务发展需求,金融工具得到不断创新。同时,在政策监管的允许下,非金融类企业在取得相应资质后可经营金融类业务,并受到相关法律及监管条例约束,如供应链贸易企业可从事保理、贷款及融资租赁业务。一旦政策监管环境发生变化,对供应链贸易企业提供的金融业务的监管力度将提高或约束范围加大,可能对供应链金融活动产生不利影响。

3. 市场金融环境

供应链金融业务的主要盈利来源于息差收入,当供应链企业获取融资的成本远小于其从事供应链金融业务所获得的利息收入时,供应链金融业务利润空间较大。一旦市场流动性偏紧,金融环境恶化导致资金成本上涨,供应链金融业务融资费用增加,尤其在市场利率出现较大波动的情况时,供应链金融业务利润收缩,甚至造成供应链各环节企业资金紧张,融资款项无法收回。

三、内生风险:可分散风险

供应链金融内生风险,一般指供应链及其上下游主体参与企业在经营过程中结合具体业务模式,在采购、库存和销售阶段提供不同的融资模式,将资金风险转移到自身,并获取毛利率高的资金收益,下面从经营风险和财务风险两方面来进行分析。

1. 经营风险细分

(1)供应链关联度风险。较为完善的供应链体系整合度较高,资金流转在供应链业务中形成闭环,供应链企业可通过对各环节的跟踪管理来控制供应链金融风险,同时要求供应链采购、生产、销售、仓储及配送等各环节在涉及的贸易业务领域具有较高的关联度,可对同一领域业务形成紧密、配合顺畅的合作关系。而一旦供应链企业关联度低,融资环节出现缺口造成风险不可控,或将对供应链金融业务参与企业经营造成损失。

(2)供应链上下游企业信用风险。供应链上下游企业的信用状况在一定程度上能够反映出其偿债意愿和偿债能力,良好的资信状况是供应链金融业务正常运转的前提。通常,中小企业的资信状况相对于大型企业较差,加之违约成本不高,易出现债务偿还延缓或回收困难,供应链金融风险加大。

(3)供应链贸易背景风险。在虚假的供应链贸易融资背景中,通过提供虚假的业务单据和货物凭证来取得融资借款,而资金则被转移至其他投机或投资业务,导致供应链企业所提供的金融业务产生巨大资金损失。

(4)供应链管理及运营风险。从供应链管理角度来看,供应链各环节的有效整合管理是供应链金融业务正常运转的基本前提,供应链企业通过其专业的管理能力促使各环节主体紧密配合、协调统一,同时也对供应链企业专业水平提出了更高的要求,一旦供应链企业运营过程中出现管理机制问题或将引起供应链风险失控,将对供应链经营造成一定冲击;从供应链企业运营角度来看,供应链上下游各环节企业自身运营状况决定了供应链业务的正常运作,一旦其中某个企业经营恶化,造成商流、物流及信息流的不连贯,触发资金流的断裂,供应链金融业务链便会随之崩塌。

2. 财务风险细分

(1)资产流动性风险。供应链企业通过赊销和垫付的模式为链条上中小企业提供融资服务,导致供应链企业出现较大规模的预付款项和应收账款,资金的提前支出与延迟回收降低了企业资金效率且易造成企业阶段性的经营资金压力。当大规模的预付类和应收类款项出现问题或将出现流动性问题,不利于企业业务拓展。

(2)债务融资风险。供应链企业在提供金融服务的同时,自身对外部资金需求较大,一般通过债务融资的滚动维持金融业务的发展。在具体过程中,企业依托自身良好的资信情况以及整体供应链为潜在的担保基础,向银行等机构获取借款,再通过供应链贸易业务或金融业务将资金放贷至其他中小企业来获得资金套利。因此,供应链企业债务负担较重,随着业务规模的不断扩大,杠杆水平持续增高,可能对后续的再融资形成限制,高杠杆、重债务的经营模式将加剧供应链金融风险的暴露。

(3)现金流风险。大量的垫资和赊销导致企业资金出现较大幅度的流出,且回收期限延缓,不利于流动性的积累。经营性现金流不能很好地支付企业债务,企业经营及债务偿还资金依赖于外部融资,给企业造成较大的筹资压力。一旦出现外部融资渠道受阻,供应链企业将面临资金断裂风险。

03 供应链金融信用风险量化：主动防范风险

供应链金融的核心是风险控制，风险控制的核心是信息获取。信息获取的维度越多、准确性越高、信息越对称越能保证风险控制成功。相比传统金融，供应链金融更具有数据优势，核心企业上下游运营供应链管理体系中，采购、订单、销售、物流、配送、仓储、支付等各个环节会产生大量的数据信息，同时再加上征信、司法、工商等外部信息，供应链金融可以获取到远大于银行等金融机构能获取的信息，同时大数据金融科技为风险控制工作也带来了非常大的影响。供应链金融风险控制如图 2.4 所示。

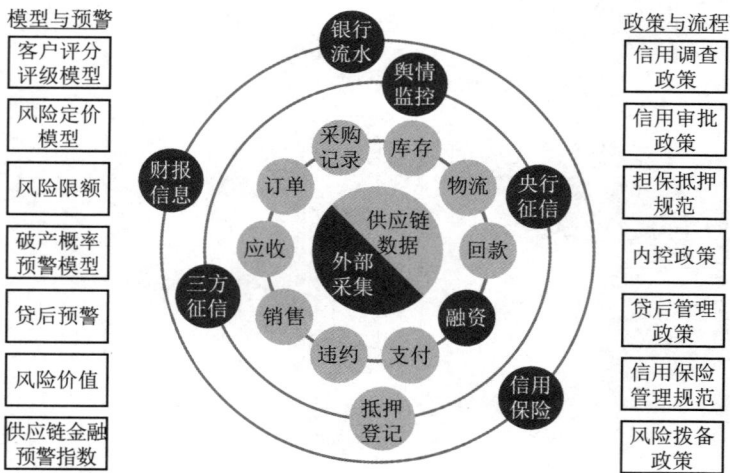

图 2.4　供应链金融风险控制示意图

大数据，是一种在获取、存储、管理、分析方面大大超出了传统数据库软件工具能力范围的数据集合,具有海量的数据规模、快速的数据流转、多样的数据类型和价值密度低四大特征。然而,如何应用海量的信息却是个难题。经过长时间摸索,大数据技术终于应用于供应链金融业务实践。本章对于供应链金融行业风险和企业信用风险如何通过大数据进行分析量化作了详细介绍。首先,对于供应链金融垂直行业客户集中的行业风险,通过先行指数,即供应链金融预警指数,预测行业风险集中程度,计算金融在险价值(VaR),评估最大风险损失,为风险自留和风险转移等各类风险处置提供决策参考依据;其次,内部评级方法可以用于对单一客户信用评分评级,支持后续一系列风险措施,包括风险定价、限额管理等工作;最后,对于数据积累不足的供应链金融场景,提供了类似对标算法,为同类型企业多输入效能以对标达到客户分层管理。此外,本章还将结合期权理论的风险量化,从公司价值和公司负债角度分析信用风险。

供应链金融全面风险信息服务平台是基于上述风险信息获取、风险指标构建、风险模型量化等信息流转及管理的平台架构,确保供应链金融活动中涉及的各个环节的风险得到有效管理和控制如图 2.5 所示。

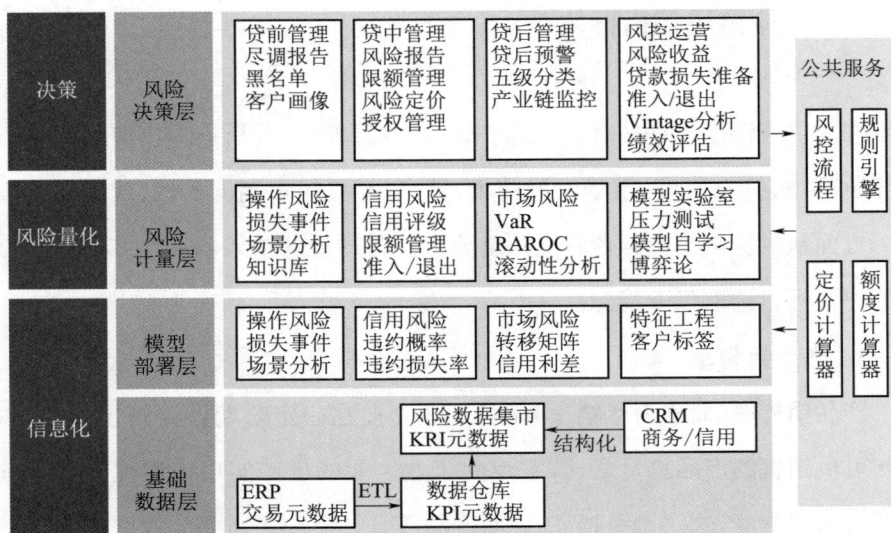

图 2.5　供应链金融全面风险信息服务架构

04 供应链金融企业主体评价指标体系

供应链金融信用是供应链和供应链融资主体两层信用嵌套,对供应链金融风险的评估包括:供应链整体评估和融资企业风险评估。供应链金融机构通过整体评估风险来确定资金供应的总量和供应的成本,对供应链融资主体评估的核心内容是评估指标的选定,以下分别就供应链和融资企业两个评估主体进行风险评估指标选取并建立评价体系。

一、供应链风控指标体系

在对供应链整体评估时,一方面从产业背景着手,分析供应链产品周期、行业竞争环境、资本密度、市场发展前景、社会效益、规章制度条例、政府支持度;另一方面从供应链当前经营状况角度分析经营产生的结果,对于供应链经营现状的评估可以选取以下指标。

1. 产品销售率

产品销售率(简称为产销率)是指工业企业在一定时期已经销售的产品总量与可供销售的产品总量之比,它反映工业企业的生产实现销售程度,即生产与销售衔接程度,这一比率越高,说明产品符合社会现实需要的程度越大,反之越小。供应链产销率是指一定时期内供应链各主体企业已销售出去的产品和已生产的产品数量比值。

$$产销率＝当期销售量÷当期产量$$

该指标可反映供应链各主体在一定时期内的产销经营状况、供应链资源（包括人、财、物、信息等）有效利用程度、供应链库存水平。该指标值越接近"1"，说明供应链各主体的资源利用程度越大，成品库存越小。

2. 产需率

产需率是与产销率密切相关的一个指标，它从另一个角度衡量了供应链系统的整体运营状况。产需率是指在一定时间内，供应链各主体企业已生产的产品数量（或提供的服务）与其下游主体（或用户）对该产品（或服务）的需求量比值，即：

$$产需率＝当期产量÷当期下游渠道的需求量$$

该指标反映供应链各节点间的供需关系，供需关系影响供应链金融需求及金融盘口。产需率数值越接近"1"，说明上下游各主体间的供需关系越协调。

3. 库存周转率

库存周转率是指某时间段的出库总金额（总数量）与该时间段库存平均金额（或数量）的比值。其实它就是指当期库存周转的速度。提高库存周转率对于加快资金周转和提高资金利用率等具有积极作用。库存周转率考核的目的在于从供应链金融的角度预测整个企业的现金流及评估保理业务的合理账期，在实际评价中可以用如下的公式进行计算（除此之外也有以数量计算库存周转率）：

$$库存周转率＝(当期出库总金额÷当期平均库存金额)×100\%$$

4. 准时交货率

准时交货率是指在一定时期内供应链各主体企业准时交货（或服务）的次数占其总交货次数的百分比。准时交货率低，说明其协作配套的生产（服务）能力达不到要求,或对生产(服务)过程的组织管理能力跟不上供应链运行要求;反之,则说明供应链的生产(服务)能力强,生产管理水平高。

5. 成本利润率

成本利润率是指供应链各主体企业单位产品(服务)净利润占单位产品(服务)总成本的百分比。产品(服务)成本利润率越高,说明供应链的盈利能力越强,企业的综合管理水平越高。

6. 产品质量合格率

产品质量合格率是指供应链各主体企业提供的质量合格产品(服务)数量占产品(服务)总量的百分比,它反映供应链各主体企业提供货物的质量水平,可以监控产品合格率,预防因产品质量造成的供应链金融逾期。

7. 现金周转周期

现金周转周期决定供应链主体企业的资金使用效率,现金循环周期越短越好,供应链金融应收账款保理降低了应收账款回收天数,盘活了供应链核心企业资金,该指标用来衡量现金的周转速度。

二、企业风险评估指标体系

供应链主体信用评价从其自身基本信息和财务报告出发,结合供应链背景下企业客户真实的业务运作状况进行分析,从多个维度了解企业的盈利能力与运营效率,掌握客户是否具有履约合作的能力,并动态监控客户信用变化。

企业基本信息评价指标按照指标类型分为定性指标和定量指标。定性指标多为基础信息类,如企业规模、主营业务类型、成立年限、合作年限和企业主背景等;定量指标多为供应链中交易数据及其衍生指标。定量指标按照评估维度分为:企业规模、企业负债能力、企业偿债能力、企业流动性和企业增长性五个方面。通过实时交易数据采集和多维度定量指标的评估,供应链金融对企业信用进行深入了解,可增强企业贷款的可获得性。供应链金融风控体系如图 2.6 所示。

供应链金融风控体系-客户评价模型-评价维度和指标

团队能力	经营能力	融资能力	偿债能力	违约成本	盈利能力
年龄 国籍 年限 目前状态 婚姻状况 子女情况 实控人年龄 实控人国籍 行业经验 是否提供担保 是否为股东 平均司龄 行业从业经验 是否有担保方	公司成立年限 股权结构 员工人数 业务占主营业务比 应收账款周转天数 库存周转天数 资产负债率 自有资金占比 净资产覆盖率(净资产/贷款余额) 外部融资负债率(外部负债/收入) 收入增长率	企业性质 资产负债率 外部融资负债率(外部负债/收入) 外部融资规模 从银行获取贷款占比 净资产 不动产价值 贷款抵押率	资产负债率 自有资金占比 外部融资规模 从银行获取贷款占比 净资产 不动产价值 是否有抵押物	婚姻状况 子女情况 企业性质 资产负债率 净资产 不动产价值	应收账款周转天数 库存周转天数 收入增长率 净利润率 贷款抵押率 净资产 不动产价值 现金点获取情况

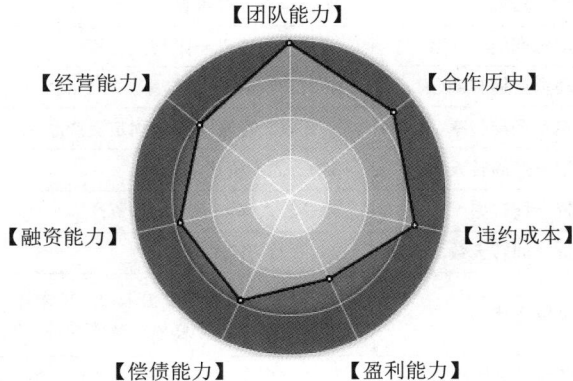

图 2.6　供应链金融风险控制体系

1. 供应链金融风险评估财务指标

在供应链金融风险控制中,财务分析的关键任务是对客户资产情况进行全面分析,了解客户企业的资产构成,分析企业盈利能力和资金运作效率,确定各项资产的流动性。对于企业财务分析来说,根据产业链类型,资金密集型企业、制造业及服务贸易企业等各种不同类型企业的财务指标侧重不同。常用财务指标通常是量化企业负债能力、企业偿债能力、企业流动性和企业增长性的比率数值,详见表 2.1。

表 2.1 供应链金融风险评估财务指标

类　　别	指标名称	计算公式
短期负债能力	流动比率	流动资产÷流动负债
	速动比率	（货币资金＋交易性金融资产＋应收账款＋应收票据）÷流动负债
	现金流动负债比	年经营现金净流量÷年末流动负债
长期负债能力	资产负债率	负债总额÷资产总额
	产权比率	负债总额÷所有者权益
	或有负债比率	或有负债÷所有者权益
	已获利息倍数	息税前利润总额÷利息支出
	带息负债比率	带息负债÷负债总额
企业流动性	应收账款周转率	营业收入净额÷平均应收账款
	应收账款周转天数	应收账款余额÷年度销售金额×360
	存货周转天数	库存金额÷年度销售金额×360
	流动资产周转天数	营业收入净额÷平均流动资产
	流动资产周转期（天）	360÷流动资产周转率
	固定资产周转率	营业收入净额÷平均固定资产净值
	固定资产周转天数	360÷固定资产周转率
	总资产周转率	营业收入净额÷平均总资产
	总资产周转天数	360÷总资产周转率
	不良资产比率	（减值准备余额＋应提未提应摊未摊潜亏挂账＋未处理资产损失）÷（资产总额＋减值准备余额）
	资产现金回收率	年经营现金净流量÷平均资产余额
企业偿债能力	营业利润率	营业利润÷营业收入
	营业净利率	净利润÷营业收入
	销售毛利率	（收入－成本）÷收入
	成本费用利润率	利润总额÷成本费用总额
	盈余现金保障倍数	经营现金净流量÷净利润
	总资产报酬率	息税前利润总额÷平均总资产
	净资产收益率	净利润÷平均净资产
	资本收益率	净利润÷平均资本,实收资本和资本公积溢价
	基本每股收益	归属于普通股股东的当期净利润÷当期发生在外普通股的加权数

续上表

类　　别	指标名称	计算公式
企业偿债能力	每股收益	净利润÷普通股平均股数
	每股股利	普通股股利总额÷年末普通股股数
	市盈率	普通股每股市价÷普通股每股收益
	每股净资产	年末股东权益÷年末普通股总数
企业增长性	营业收入增长率	(本年营业收入－上年收入)÷上年收入
	资本保值增值率	扣除客观因素后年末所有者权益÷年初所有者权益
	资本积累率	本年所有者权益增长额÷年初所有者权益
	总资产增长率	本年总资产增长额÷年初资产总额
	营业利润增长率	本年营业利润增长额÷上年营业利润总额
	技术投入比率	本年科技支出÷本年营业收入净额
	营业收入三年平均增长率	$\sqrt[3]{(\text{本年营业收入}÷\text{三年前收入})}-1$
	资本三年平均增长率	$\sqrt[3]{(\text{年末所有者权益总额}÷\text{三年年末所有者权益总额})}-1$
其他比率	固定资产综合折旧率	年度折旧额÷固定资产原值

2. 供应链运营能力评价指标

在供应链金融风险管理中,信息流的价值体现在为金融机构消除信息不对称屏障,提供评估企业信用真实、准确的数据,及时体现企业运营的实际状况。相比较传统的金融机构,产业供应链金融机构通过采集实时交易数据,将交易数据转化为可以量化风险的风控指标,为风险评价和贷后检查提供参考依据,客户信息不对称的消除是供应链金融与传统金融相比的最大优势;另外,获取企业经营运作信息,是对供应链运营主体真实贸易背景的判断和掌握的重要途径,供应链金融服务了解真实交易背景,有利于判断这项服务的合理性,更有利于对全过程进行监管并对风险资产给予及时预警。

综上所述,建立供应链主体运作指标的意义主要有如下三点:

(1)体现贸易真实性和连贯性:确保基础交易的真实性、还款来源才具有真实性。同时贸易背景的真实性必须贯穿整个贸易过程,不局限于某个节点,金融机构须审查企业的意图、回款期限、货物、交易的连贯性等。

(2)实时数据更及时准确。运作类指标相比较财报更及时准确,以运作指标作为模型的初始变量带入风控模型,通过实时分析风控规则和模型结果,对风险发生的预测和监控更具敏感性。

(3)主体运作指标与财报信息的交叉验证。中小企业财务报表不规范,银行及保险等传统金融机构鉴于风控管理偏好更偏重财务分析,供应链指标与财务报表交叉验证,可以为金融机构反欺诈工作提供数据基础。

可以通过大数据实时采集的指标,具体见表2.2,这些指标数据真实可靠、不易造假且时效性强,便于实时监控管理,易于收集整理。

表2.2　通过大数据实时采集的指标

指标类型	指标名称	指标定义
企业规模	采购量	当期总采购金额
	销量	当期总销售收入
	库存量	当期期末库存价值
企业负债	企业杠杆率	外部融资÷资产价值
企业偿债能力	资源获取率	采购资源获取÷采购金额
	融资收入比	外部融资÷[销量÷(运营周期÷30)]
企业流动性	超库龄占比	超库龄资产价值÷库存价值
	库存周转	库存÷销售收入
	应收账款周转	应收金额÷销售收入
	应付账款周转	应付金额÷采购金额
	运营周期	库存周转＋应收周转
	现金循环周期	应收账款周转天数＋库存周转天数－应付账款周转天数
企业增长性	销量环比	(当期销量－上期销量)÷上期销量
	采购环比	(当期采购量－上期采购量)÷上期采购量
	库存环比	(当期库存－上期库存)÷上期库存

第三章

供应链金融行业风险管理

供应链金融作为垂直行业融资手段，服务于产业上下游参与企业，相对于传统银行能将风险分散而言，供应链金融行业风险集中度高，针对此特点，需要对供应链金融行业风险及企业信用风险如何通过大数据分析量化进行研究。行业风险章节对于供应链金融垂直行业客户集中的行业风险，通过供应链金融先行指数预测行业风险集中程度，在险价值计算金融在险价值评估最大风险损失，同时为风险自留和风险转移等各类风险处置提供参考决策依据；企业风险预测章节通过内部评级方法对单一客户信用评分评级，支持后续一系列风险政策包括风险定价、限额管理等工作；对于数据积累不足的供应链金融场景，还提供了类似对标算法为同类型企业多输入效能对标达到客户分层管理，除此之外，结合期权理论的风险量化，从公司价值和公司负债角度分析信用风险。

01 供应链金融预警指数

供应链风险识别的核心是抓住供应链里的"链",依"链"探寻识别和评估产业链对象的风险级别、风险分布及周期性等特征,并通过预警快速识别风险原因和事件,及时采取有效风险控制措施。定量研究行业风险的方法中,指数类研究最具有效率及效益,随着信用体系和大数据体系的建设和发展,风险分析方法不断创新,行业级的大数据预警指数为供应链金融风险控制提供了有力支撑。

指数产品可分为先行性指数和归纳性指数,其中先行性指数对未来的状况提供预示性的信息,为了解垂直行业中全体企业的运行状况,分析、预测行业的风险,揭示发展趋势和周期性。供应链金融预警指数使用供应链交易中直接体现企业运营的各项指标,具有先行指数的预警作用,为参与供应链金融风险管理者和行业分析人员提供分析工具,通过指数的走势图进行行业风险分析、趋势分析、形态分析、周期理论分析及其他技术指标分析,从而为风险管理者的正确决策打下坚实的基础。

一、供应链金融预警指数价值

1. 供应链风险风向标

供应链金融预警指数是对风险预警的先行指数研究,主要考量企业整体的经营指标,通过构建模型成为供应链金融风控业务的风向标,进而预测短周期的还款表现。供应链金融预警指数在实际应用中能比较准确地预测行业风险的集中发生,行业预警指数设定阈值为枯荣线,高于阈值表示行业处于预警状态,行业参与者的经营压力高于往期,预示短周期内行业将集中出现违约事件。

图 3.1 为实际应用中截取的一段时间的供应链金融预警指数波动图,并以 M_1(逾期一个月)以内违约为口径验证,电子计算机流通行业通常一个月赊销账期,结果表明供应链金融可以提前一个月预警到风险趋势,为风控人员了解行业风险提供风向标,指数预测期与金融产品账期极大相关,案例中设置预测周期为一个月,但应用中需根据账期做相应的调整。

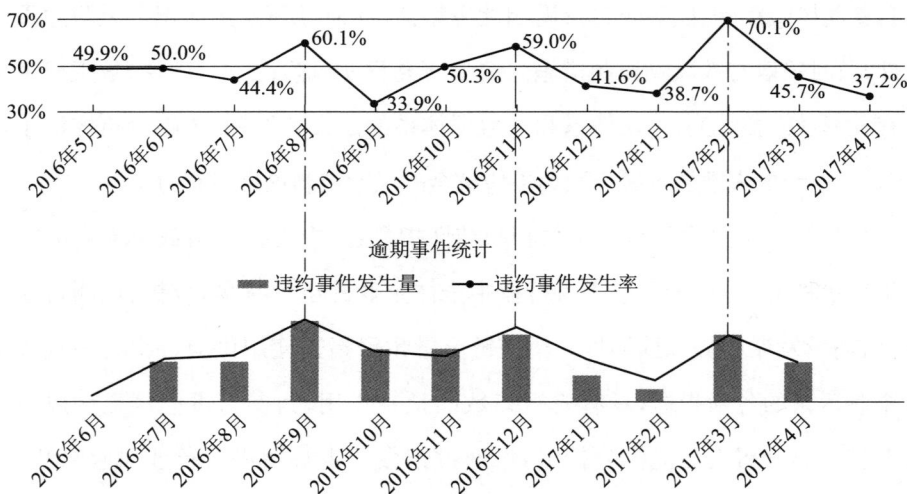

图 3.1 供应链金融预警指数一段时间的波动图

2. 揭示行业风险周期

周期有长周期和短周期,那些能跨越周期发展的机构都是谙熟周期性分析的企业。此外,供应链金融服务于垂直行业,客户集中度高,对于行业周期的判断敏感于实现风险分散的银行信贷。供应链金融预警指数作为风控指数工具实现了对行业周期的风险预判,短周期内(例如一年)的行业淡旺季,如图 3.2

所示,该行业在每年下半年整体风险偏高且波动较大。同样,指数也可以作为长周期工具持续展现行业风险的周期规律,对于贷后的工作安排和风险拨备精细管理有实际指导意义。

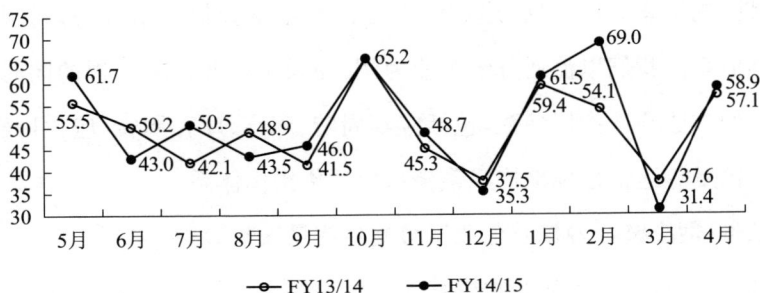

图 3.2 供应链金融预警指数风险周期性

二、供应链金融预警指数的实现

供应链金融预警指数构建于供应链风控预警指标体系,对每一个指标参数的周期数据进行数据清洗,得到清洗后的周期数据。运用大数据建模方法获得供应链金融预警先行指数,所获得的周期预警指数的数据与所确定的周期逾期率中延后一个周期的逾期率的数据进行比对,下面结合图 3.3 和具体实施案例对如何利用供应链金融预警指数的技术方案进行进一步的详细阐述。

图 3.3 展示了应用实例预警指数评价方法的具体实现流程。

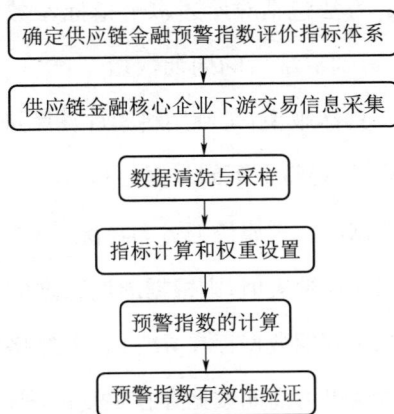

图 3.3 利用供应链金融预警指数的
技术方案

61

详细介绍如下:

第一步,确定供应链金融预警指数评价指标体系

具体来说,预警指数评价指标体系按照企业五大分析维度:杠杆率、偿债能力、流动性、周转率和增长性,通过定性分析和定量分析相结合,构建预警指数评价指标体系。我们以流通分销企业为例,在采用行业经验分析的同时也利用数理统计的方法筛选指标参数,包括应收周转、库存、库存周转、应付周转、现金点折扣及销量等运营指标来构成预警指数评价指标体系。

第二步,供应链金融核心企业下游交易信息采集

在这一步中,采集周期通常按月计量。采集用于预警指数评价的多个指标参数的周期数据通常是指月度数据。具体来讲,通过交易信息系统或者直接交易信息录入的方式,获得核心企业下游的交易信息,对每一家下游企业的每月交易信息进行收集、汇总。例如销售额度、库存量、应付账款、应收账款等基础信息。在这些基础信息的基础上,再统计和计算出步骤一所得出的应收周转、库存、库存周转、应付周转、现金点折扣和销量这六个指标参数的月数据。

第三步,数据清洗与采样

方法包括对所述多个指标参数中每一个指标参数的周期数据进行数据清洗,得到清洗后的周期数据。

具体来说:①利用科学计算库进行数据初步探索,如数据类型、缺失值、数据集规模、各特征下的数据分布情况等;②利用第三方绘图库进行直观观察,最终获取数据的基本属性与分布情况。数据清洗具体包括:若所述特征分析结果为周期数据存在缺失值,则根据周期数据的分布情况填充缺失值数据;若所述特征分析结果为周期数据存在异常值,则忽略所述周期数据中的异常值数据;若所述特征分析结果为周期数据存在重复值,则删除所述周期数据中的重复值数据。

其中,根据周期数据的分布情况填充缺失值数据,包括:若周期数据的数据分布均匀,则使用均值来填充缺失值数据;若周期数据的数据分布倾斜,则使用

中位数来填充缺失值数据。

第四步,指标计算和权重设置

根据清洗后的每个指标参数的周期数据分别计算所述多个指标参数中每一个指标参数的权重分数值。

具体来说,首先利用第一步所采集的应收周转、库存、库存周转、应付周转、现金点折扣和销量这六个指标参数的月周期数据,分别计算各自指标参数的环比值;其次根据每月环比值的大小进行分类,若环比上升大于 20%,则记为 1,小于−20% 记为−1,介于之间记为 0;最后根据各个指标参数每月的统计值来计算各自指标的分数值,值得关注的是指标的正负,负指标参数的含义是指随着指标的增长,潜在的风险随之降低,而正指标参数与之相反,表示随着指标的增长,潜在的风险也随之增长。

这里需要补充说明的是,负指标参数分数值的计算公式为

$$单个指标分数 = \frac{统计值为-1的个数}{总个数} + \frac{统计值为0的个数}{总个数} \times 0.5;$$

而正指标参数分数值的计算公式为

$$单个指标分数 = \frac{统计值为1的个数}{总个数} + \frac{统计值为0的个数}{总个数} \times 0.5。$$

根据所计算出的每一个指标参数的分数值采用逻辑回归算法和二次规划的方式来计算每个指标参数的最优解。具体地,在指标权重的配置方面,引入逻辑回归算法,多个变量的逻辑回归算法公式为

$$\text{logit}(p) = \ln\left(\frac{p}{1-p}\right) = \beta_0 + \beta_1 x_1 + \beta_2 x_2 + \cdots + \beta_m x_m + \varepsilon$$

其中,p 表示逾期率,自变量 x_m 在本方案中分别对应于第一步所得出的应收周转、库存、库存周转、应付周转、现金点折扣和销量这六个指标。

接着通过采用二次规划的方式来计算出权重配置即参数的最优解,标准二次规划的方式表示如下:

$$\min_x \frac{1}{2}\mathbf{x}^\mathrm{T}\mathbf{Q}\mathbf{x} + \mathbf{c}^\mathrm{T}\mathbf{x}$$

$$\text{s. t} \quad \mathbf{A}\mathbf{x} \leqslant \mathbf{b}$$

其中 $\mathbf{x}$ 为 d 维向量,$\mathbf{Q}$ 为实对称矩阵,$\mathbf{A}$ 为实矩阵,$\mathbf{b}$ 和 $\mathbf{c}$ 为实向量,$\mathbf{A}\mathbf{x} \leqslant \mathbf{b}$ 的每一行对应一个约束。其中本方案所受约束为

$$\mathrm{logit}(p) = \beta_0 + \beta_1 x_1 + \cdots + \beta_6 x_6 + \varepsilon$$

$$\beta_1 + \beta_2 + \beta_3 + \beta_4 + \beta_5 + \beta_6 = 1$$

$$\beta_1, \beta_2, \beta_3, \beta_4, \beta_5, \beta_6 > 0$$

第五步,预警指数的计算

在通过前序步骤计算得到了六个指标参数的分数值和各自权重之后,预警指数的计算方法便是将六个指标的分数按照计算得到的权重简单加权计算的值,即:$\mathrm{warning} = \beta_1 \times \mathrm{ar\_30} + \beta_2 \times \mathrm{kc} + \beta_3 \times \mathrm{kc\_30} + \beta_4 \times \mathrm{ARBW} + \beta_5 \times \mathrm{xjd} + \beta_6 \times \mathrm{sti}$;

其中,ar_30、kc、kc_30、ARBW、xjd、sti 分别为应收周转、库存、库存周转、应付周转、现金点折扣、销量指标的对应指标的权重。

第六步,预警指数有效性验证

需要对所获得的周期预警指数进行有效性验证。具体来说,从历史数据中确定周期逾期率,将所获得的周期预警指数的数据与所确定的周期逾期率中延后一个周期的逾期率数据进行比对,得到比对结果;用所述比对结果的两组数据之间的相关性来对所得到的周期预警指数进行有效性验证。计算两组数据的相关系数,若相关系数为正,同时统计检验的 p 值小于 0.05,则说明两组数据有正相关关系,预警指数随逾期率同向变动,同时相关系数的值越大,相关性越强。

三、供应链金融预警指数优势和不足

供应链金融预警指数方法按照风险来源如杠杆率、偿债能力、流动性、周转

率、增长性等，构建供应链金融预警指数应用数学规划方法，结合插值得出最优系数，进而对供应链整体风险做评估。供应链金融预警指数在各个行业有多年的实践论证，实践证明该指数不仅对供应链风险预测有良好表现，也对贷后管理及供应链金融压力测试提供参考依据。

构建供应链金融预警指数，首先采集用于预警指数评价的多个指标参数的周期数据，根据所采集的多个指标参数的周期数据分别计算每一个指标参数的分数值；根据所计算出的分数值对每一个指标参数进行权重配置；将所配置的权重作为加权系数对所计算出的每一个指标参数的分数值进行加权计算，获得周期预警指数。如此，构建一个供应链金融风险周期预警指数模型，利用该模型对预警指数评价指标体系中用于预警指数评价的多个指标参数来进行模型训练，得到用于表征供应链金融风险的周期预警指数，从而实现对供应链金融风险的定量分析，能够更好地量化供应链中的金融风险。

采用上述预警指数方法具有如下几点显著优势：①以往的供应链金融风险分析基本都专注于定性的研究和分析，而通过定量的分析来计算得到综合性的预警指数，为宏观和微观相结合的风险管理提供基础理论和可实用化的技术手段；②选取指标参数，构成预警指数评价指标体系，能够更全面、更准确地反映出当前业务供应链体系中存在的金融市场风险；③在指标参数的配置方法上，选取了逻辑回归算法和二次规划来求出最优解，从而得到更为合适和准确的指标参数的分数值和权重配置。

同时，作为第一款为供应链金融提供跨周期预警功能的指数产品，供应链金融预警指数也在很多方面有待提升。

1. 缺失分级量化

供应链金融预警指数作为先行指数的预测效果及预测周期已经得到了实践印证，但是作为指数类产品只有单一预警状态，并未实现分级量化，缺失了风控数字产品的精度。

2. 加强供应链预警指数稳定性

考虑到特殊事件和特殊时期(如春节假期)对指数稳定性的影响,可以考虑设置一个调节因子,例如春节假期设置调节因子使得分布整体向上移动,预警指数将得到相应缓释,通过设置调节因子保证预警指数与预警程度高度相关,增强稳定性。

02　供应链金融风险量化：业务风险标尺

一、在险价值实现方法

供应链金融客户群体集中，对于行业风险的规避相对于传统金融机构更值得重视。在险价值对于供应链金融机构不仅可以用于评估金融资产可能会遭受的损失，从风险角度出发调整产业结构，而且从机构自我监管角度也可通过预估信用非预期损失进而为金融业务评估风险资本，避免业务过度膨胀。

在险价值（value at risk，简称 VaR）也叫风险价值，风险管理是一种金融风险评估方法和计量模型，也是目前被全球主要银行广泛采用的风险计量技术与模型。VaR 是指在正常的市场条件和给定的置信度内，用于评估和计量金融资产或资产组合在既定时期内所面临的市场风险大小和可能遭受的潜在最大价值损失。

在金融领域，由于资产的波动性受多种因素影响，且波动幅度巨大，投资期限长且风险概率分布呈长尾状，通过在险价值量化金融资产的风险最大损失对于内部风控管理显得尤为重要。在计算一个可交易金融资产的在险价值时，通过输入它的现行市场价值和市场价值波动，再给一定的风险投资期和置信度，我们可以直接计算出资产的在险价值，一级市场中通过股票市场价值和股价波动性计算 $T+N$ 时刻，在某种置信度下可计算股票的最大价值损失。但是对于不可交易的贷款,贷款的当前价值是不可见的,且也没有市场价值的波动性,更何况贷款的收益大概率不满足正态分布,所以计算在险价值并非易事。

结合供应链金融业务,对于不可交易的供应链金融资产,通过信用矩阵来观测在险价值,信用矩阵模型作为一个在险价值框架应用于不可交易资产的风险评估和价值计算。通过统计内部信用评级和信用评级转移矩阵,行业违约贷款的回收率及信用利差和收益率,得到供应链金融资产组合的在险价值。

首先通过 JP 摩根 CreditMatics 公开的信息,以单一风险资产为例,讨论一笔主体评级为 BBB 价值 1 亿美元的 5 年期固定利率 6% 金融资产在一年后的在险价值。

通过客户期初的信用等级情况和期末信用等级进行比较计算,计算出客户群体在某个时间区间内的信用迁移概率,该矩阵评估了企业客群信用变化的路径,为风险管理人员提供信用预测的基础工具。在本例中,根据公开的资料,评级为 BBB 的企业,在一年后保持不变的概率是 86.93%,也有信用恶化和提升的可能性,见表 3.1。

表 3.1　某客户群体信用评级迁移概率

信用评级	一年后信用评级迁移概率	信用评级	一年后信用评级迁移概率
AAA	0.02%	BB	5.30%
AA	0.33%	B	1.17%
A	5.95%	CCC	0.12%
BBB	86.93%	Default	0.18%

如果一笔贷款的信用评级下降,会影响贷款的潜在市场价值,对于金融机构,贷款的现值会下降,反之,如果信用评级上升,此笔贷款的市场也会上升,影响资产市场现值的是贷款剩余现金流的信用利差(credit spread),信用利差是为了补偿信用风险而增加的收益率,可以看作与无违约风险投资的收益率之差。一般来讲,信用利差≈违约概率(PD)×最大违约损失(LGD),显然,不同

评级的违约率不同,信用评级越高,违约概率越低,相应的信用利差越低。

如果在第一年底重新评估这笔贷款,需要考虑这一年已经发生的信用转移。

$$P = 6 + \frac{6}{(1+r_1+CS_1)} + \frac{6}{(1+r_2+CS_2)^2} + \frac{6}{(1+r_3+CS_3)^3} + \frac{106}{(1+r_4+CS_4)^4}$$

其中,r_i 表示第 i 年预期的存续期还有一年的某国债的无风险利率,CS_i 表示特定信用等级在存续期下的信用利差,表 3.2 展现了某国债无风险利率和企业一年后从 BBB 升级至 A 的年度信用利差。

表 3.2　某国债的无风险利率与某企业信用利差

年	无风险利率r_i	信用利差(CS_i)	年	无风险利率r_i	信用利差(CS_i)
1	3.00%	0.72%	3	4.05%	0.88%
2	3.57%	0.75%	4	4.4%	0.92%

$$P = 6 + \frac{6}{1.037\ 2} + \frac{6}{1.043\ 2^2} + \frac{6}{1.049\ 3^3} + \frac{106}{1.053\ 2^4}$$

$$= 108.66(单位:百万美元)$$

假设在第一年,借方的信用评级从 BBB 级升至 A 级,对于金融机构,在第一年的投资期末,此笔贷款的现值是 108.66 百万美元,尽管没有交易,这笔贷款理论上获得了价值,反之借方如果降级或者出现违约,那这笔贷款的价值则相应损失,表 3.3 显示出此笔贷款在第一年年底主体评级转移至不同评级后的贷款价值。

表 3.3　一亿美元贷款对不同评级借方所体现的贷款价值

年终评级	价值(百万美元)	年终评级	价值(百万美元)
AAA	109.37	BB	102.02
AA	109.19	B	98.10
A	108.66	CCC	83.64
BBB	107.55	Default	51.13

图 3.4 与表 3.4 描述了贷款价值的分布与数值计算,可以看到贷款价值有一个相对固定有限的上涨趋势和一个长期的下跌趋势。

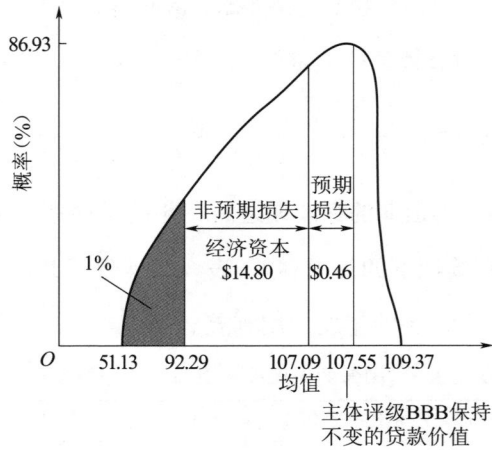

图 3.4　一亿美元贷款价值分布（单位：百万美元）

表 3.4　一亿美元贷款价值计算（单位：百万美元）

年终评级	概率（%）	第一年末贷款价值（$）	概率加权贷款价值（$）	与均值差异（$）	概率加权差的平方
AAA	0.02	109.37	0.02	2.28	0.001
AA	0.33	109.19	0.36	2.1	0.014 6
A	5.95	108.66	6.47	1.57	0.147 4
BBB	86.93	107.55	93.49	0.46	0.185 3
BB	5.30	102.02	5.41	−5.06	1.359 2
B	1.17	98.1	1.15	−8.99	0.944 6
CCC	0.12	83.64	1.1	−23.45	0.659 8
Default	0.18	51.13	0.09	−55.96	5.635 8
		均值＝107.09			方差＝8.947 77 标准差＝2.99

实际贷款价值并不是正态分布，考虑到这一点，信用矩阵模型提供了两个信用在险价值尺度。

1. 基于贷款价值的正态分布的在险价值尺度（单位：百万美元）

5%的在险价值＝1.65σ＝4.93

1%的在险价值＝2.33σ＝6.97

2. 基于贷款价值的现实分布的在险价值尺度（单位：百万美元）

6.77％的在险价值＝93.23％的实际分布＝107.09－102.02＝5.07

1.47％的在险价值＝98.53％的实际分布＝107.09－98.10＝8.99

1％的在险价值＝99％的实际分布＝107.09－92.29＝14.80

其中 1％的 VaR 值是由不同等级迁移下贷款价值的实际分布中的插值计算得来，相对于假设贷款价值服从正态分布的计算，1％的在险价值是 6.97 百万美元，由于贷款价值分布是非正态分布，它表现出长尾的损失风险，所以这样计算似乎低估了贷款的实际风险价值。

通过插值法实现获取 1％的在险价值，这样得来的显示风险价值会更准确。但是长尾事件是指那些不经常发生的损失事件，一旦发生就会有极为严重的影响，不能得知超过理论在险价值基准之外的损失，再结合技术实现的困难，现代资产组合理论的常用方法是为计算在险价值提供直接分析方法的正态分布情形。

二、供应链金融在险价值实例

提取供应链下游部分企业信息，使用内部评级方法，对企业客户建立信用评级并完成转移矩阵，量化基于正态分布假设条件的供应链金融资产组合在险价值。信用转移矩阵假设条件和参数设置如下：

- 金融资产价值服从正态分布；
- 无风险利率为无风险国债利率；
- LGD 为违约损失率；
- 置信度为 99％。

金融资产价值的变化在时间为 0 时，资产价值为 V_0，在时间为 t 时的资产价值 V_t 分布接近正态分布。V_t 的价值有 99％的概率不会低于 V_a，将平均值（峰值）V_s 作为时间点 t 时投资组合的标准价值（参考价值），则在置信度为 99％

时,损失价值小于 V_s-V_a。

根据信用转移矩阵,计算 V_s-V_a 作为在险价值。根据本期的借贷组合价值(总放款金额 V_0)和利率预估下一期时的总价值(V_t):

当 $t=1$ 时,$V_t=V_0\times e^R$,其中 R 为利率,我们将利率分为无风险利率(r)和信用利差(CS)。其中无风险利率为固定值,信用利差受违约概率和最大违约损失影响。

1. 信用转移矩阵

为了衡量客户的信用以及预测借贷的违约概率,对客户进行信用评级,分为 AAA 到 D 共 8 个信用评级,其中 D 为违约。根据以往的信用评级变化情况,计算出信用评级转移矩阵,第 x 行第 y 列的值为从第 x 个评级变为第 y 个评级的概率,信用转移矩阵见表 3.5。

表 3.5　信用转移矩阵

	AAA	AA	A	BBB	BB	B	C	D
AAA	0.142 857	0.279 503	0.136 646	0.149 068	0.093 168	0.068 323	0.099 379	0.031 056
AA	0.058 632	0.322 476	0.097 72	0.218 241	0.094 463	0.074 919	0.084 691	0.048 86
A	0.157 895	0.108 359	0.244 582	0.179 567	0.086 687	0.052 632	0.120 743	0.049 535
BBB	0.039 379	0.077 566	0.085 919	0.531 026	0.094 272	0.036 993	0.085 919	0.048 926
BB	0.012 997	0.024 465	0.029 052	0.074 924	0.704 128	0.017 584	0.054 281	0.082 569
B	0.060 748	0.065 421	0.121 495	0.163 551	0.158 879	0.107 477	0.186 916	0.135 513
C	0.032 663	0.022 613	0.130 653	0.170 854	0.140 704	0.173 367	0.185 930	0.143 216
D	0	0	0	0	0	0	0	1

2. 信用利差

信用利差是为了补偿信用风险而增加的收益率,可以看作与无违约风险的投资收益率之差。显然,违约概率低、信用好的借贷信用利差低。计算公式为:

$$CS=-\ln(1-LGD\times PD_t)$$

其中 PD 为每个评级的违约概率,即由当前评级转为 D 评级的概率。

例如评级为 AAA 的客户借款,违约概率 PD=0.031 056,取违约损失率 LGD=0.23,则 AAA 的信用利差:

$$CS_{AAA} = -\ln(1-LGD \times PD_{AAA}) = -\ln(1-0.23 \times 0.031\ 056) = 0.007\ 168$$

取无风险利率 $r = 0.043\ 5$,根据信用利差和无风险利率对各项评级进行估值。

3. 计算参考价值

资产价值计算公式为:$V_s = EAD \times \exp[-(r+CS)]$

例:客户 0 的放款金额为 100 万元,评级为 AAA,取无风险利率 $r = 0.043\ 5$ 信用利差为 0.007 168。

参考价值 $Vs_0 = EAD \times \exp[-(r+CS)] = 100 \times \exp(-0.043\ 5 - 0.007\ 168) = 95$。

总信贷参考价值 $V_s = \sum V_{s_i}$。

4. 计算企业相关系数

两个客户之间的相关性系数按照收益率指标计算,收益率=无风险利率 (r)+信用利差(CS)。如无风险利率一直保持不变,可以只考虑信用利差。

例:计算客户 X 和客户 Y 的相关性系数。客户 X 和客户 Y 在 2024 年各月份的信用评级如表 3.6 所示。

表 3.6 客户 X 和客户 Y 在 2024 年各月份的信用评级

月 份	客户 X-评级	客户 Y-评级	月 份	客户 X-评级	客户 Y-评级
01	B	C	202407	D	BBB
02	AA	D	202408	A	B
03	AA	AA	202409	BBB	BBB
04	A	BB	202410	C	C
05	C	C	202411	BB	BBB
06	D	D	202412	BBB	A

根据各信用评级的违约概率(PD)计算信用利差(CS)和收益率(R)

信用利差为:$CS = -\ln(1 - PD \times LGD)$

收益率为:$R = r + CS$

按照假设,违约损失率(LGD)$= 0.23$,无风险利率(r)$= 0.043\,5/12 = 0.003\,625$

得到的各评级的收益率和信用利差见表 3.7 和表 3.8。

表 3.7 各评级的收益率和信用利差

评 级	CS	R	评 级	CS	R
AAA	0.007 168 513	0.010 793 513	BB	0.019 173 513	0.022 79 8513
AA	0.011 301 421	0.014 926 421	B	0.031 664 284	0.035 289 284
A	0.011 458 681	0.015 083 681	C	0.033 494 407	0.037 119 407
BBB	0.011 316 774	0.014 941 774			

表 3.8 客户 X、Y 的评级和收益率

月 份	客户 X 评级	客户 X 收益率	客户 Y 评级	客户 Y 收益率
01	B	0.000 750 479	C	0.033 494 407
02	AA	0.002 280 801	D	0.261 364 764
03	AA	0.002 280 801	AA	0.011 301 421
04	A	0.002 265 805	BB	0.019 173 513
05	C	0.000 653 556	C	0.033 494 407
06	D	0.040 927 558	D	0.261 364 764
07	D	0.040 927 558	BBB	0.011 316 774
08	A	0.002 265 805	B	0.031 664 284
09	BBB	0.002 279 335	BBB	0.011 316 774
10	C	0.000 653 556	C	0.033 494 407
11	BB	0.001 590 865	BBB	0.011 316 774
12	BBB	0.002 279 335	A	0.011 458 681

客户资产为 k 的平均收益率:$\overline{R}^{(k)} = \dfrac{1}{T}\sum\limits_{t=1}^{T} R_t^{(k)}$

客户资产为 k 的收益率标准差:$\sigma_k = \sqrt{\dfrac{1}{T-1}\sum\limits_{t=1}^{T}(R_t^{(k)} - \overline{R}^{(k)})^2}$

客户资产为 k,l 的收益率协方差：$\text{cov}(k,l)=\dfrac{1}{T-1}\displaystyle\sum_{t=1}^{T}(R_t^{(k)}-\overline{R}^{(k)})(R_t^{(l)}-\overline{R}^{(l)})$

客户资产为 k,l 的收益率相关性：$\rho_{k,l}=\dfrac{\text{cov}(k,l)}{\sigma_k\sigma_l}$

按上述公式计算客户 X,Y 的相关性，得到：

客户 X 平均收益率：0.059 059 157。

客户 Y 平均收益率：0.060 896 747。

客户 X 收益率标准差：0.308 127 872。

客户 Y 收益率标准差：0.306 834 609。

客户 X、Y 的收益协方差：0.003 232 211。

客户 X、Y 收益率相关性：0.034 187 268。

结论：客户 X、Y 相关性为 0.03。

5. 模拟资产价值分布并计算在险价值

根据当月投资之间的相关性矩阵和信用转移矩阵，模拟服从正态分布的 n 种随机评级变化情况，对于每种情况进行估值。对 $n=5\,000$ 种随机情况按上述步骤分别计算，结果应大致服从正态分布。选择置信度 $\alpha=1\%$，则取 $1-\alpha=99\%$ 分位值为最低价值 Va，则 99% 的情况下，资产价值应高于 Va，则风险价值 $\text{VaR}=Vs-Va$，在 99% 的情况下，下期亏损不会超过 VaR。

小结

在险价值不仅可以用于评估金融资产最大可能遭受的损失，在金融监管方面也可通过预估信用非预期损失进而为金融业务评估风险资本，避免业务过度膨胀。

第四章

供应链金融企业风险管理

本章将提供一个供应链企业信用评价的工具，并将评价算法引入企业风险评价指标体系，构建一个信用预测的二分类模型，从而能更好地判断识别供应链参与企业的信用表现。

01　供应链金融企业信用预测

一、供应链信用评价的三大方法及不足

不同产业背景下供应链信用评价指标量化标准不尽相同,且相关参数关系变幻不定,为解决在不同场景下评价指标表现不同、评价标准不一致的问题,信用预测的二分类模型将提供一种优化方法,结合传统统计和机器自学习的方式以实现科学自适应的客户分类,是金融客户信用评价做信用量化之前的基础观测工具。

下面介绍当前供应链信用评价常用的三大方法及不足。

1. 根据企业运营财务报表评价信用

一般中小微企业由于没有上市/发债等行为,有些客户财报因为各种原因真实性较差,这给中小微企业的企业财务状况检查增加了困难。有些客户在报税前,或融资时才进行财报的制作和统计,导致财报的时效性差。为解决这一问题,通过大数据算法形成一种对供应链企业信用评价的方法。

2. 传统的逻辑回归分类等算法

在《基于非线性组合模型的 P2P 网贷平台危机预警研究》一文中作者运用逻辑回归、支持向量机和神经网络等模型分别对数据进行分析,并将结果加权后进行判断。

该方案的缺点是:方案中用全部指标进行分析和判断,会增加模型的复杂

度,也会因为指标之间的相关性影响准确率。

3. 常用的支持向量机等机器学习算法

在《正交支持向量机及其在信用评分中的应用》一文中作者对数据进行正交化特征抽取,并以此构建正交向量机对数据进行分析分类。

该方案的缺点是:方案虽然为避免维度灾难对数据进行正交降维,但在降维过程中并没有考虑到不同自变量与因变量的相关性,可能会丢失重要特征。

二、信用预测的二分类模型

1. 客户分类的优化方法

逾期风险与客户情况的多个指标有潜在的不明显关系。为准确把握供应链信用管理中针对客户运营情况的判断,系统按月度周期监测并记录客户的经营情况数据,上传至数据库。数据库通过时间和客户名称字段整理合并全部经营和销售相关数据,汇总成经营情况数据表。选取经营情况数据表中数值的字段组成逾期预警指标。对采集的指标数据进行清洗,去除离群点后根据时间整理汇总。在不失去特征的情况下,对逾期预警相关数据进行降维,利用逻辑回归筛选出与判断逾期风险相关性高的决定性指标。通过支持向量机根据决定性指标对数据进行分析并计算决策面。将本期客户情况通过决策面进行分类,判断是否有逾期风险。

采用本方案的优势有如下两点:

优势一:对于数据中与逾期相关的多个指标,本方案通过逻辑回归和贝叶斯信息准则(BIC)等筛选机制,剔除不显著的指标,通过指标间的相关性分析,剔除相关性过高的指标,从而得到尽量少的、可以准确预测是否逾期的决定性指标。

优势二：自投比取代资产负债率成为判断逾期风险的新指标。资产负债率是指一家企业总资产中有多少比例是由债务形成的，是衡量企业财务状况的一个关键指标。自投比概念与资产负债率基本相同，不同点在于以因子分析法将资产负债率计算中的各个数据进行了同类替换。相较于传统资产负债率，在时效性和准确性上有明显优势。

2. 模型实现流程

模型实现流程的步骤有：确定风险判断指标、采集逾期情况相关数据，数据清洗与采样，筛选判断逾期风险的主要指标，计算决策边界，根据决策边界将数据分类，决策边界有效性验证。

模型具体实现以下流程的步骤：

步骤一：确定风险判断指标，采集逾期情况相关数据

采集金融客户经营情况数据，量化为月度关键风险指标（KRI）。确定逾期风险判断的评价指标即与客户经营销售情况相关的数值指标，包括应收金额、应付金额、运转周期、自投比例、订单收款时长（order to cash，简称 OTC）、现金点、库存数量等。

步骤二：数据清洗与采样

进行数据初步筛选，例如数据类型、缺失（省）值、数据集规模、各特征下的数据分布情况等。对于缺失值、异常值和数据类型错误的值，先删除以便对全部维度进行相关性分析和逻辑回归以筛选决定性指标，后续再将确定的评价指标不为空值或错误值的数据重新填入。对于异常值（离群点）的判断，选用聚类算法 DBSCAN 基于距离对数据进行聚类分析，为避免删除过多数据导致丢失特征，选择较大的距离参数（半径）。

步骤三：筛选判断逾期风险的主要指标

对步骤二中清洗后的数据进行筛选。由于经营情况表中取出的数值指标较多，维度过多容易导致后续分类模型复杂，造成过拟合等问题影响判断。本方案通过逻辑回归进行降维,筛选出与逾期率最为相关的指标。

引入逻辑回归算法,多个变量的逻辑回归算法公式为:

$$\log_i t(p) = \ln\left(\frac{p}{1-p}\right) = \beta_0 + \beta_1 x_1 + \beta_2 x_2 + \cdots + \beta_m x_m + \varepsilon$$

其中,p 表示逾期率,自变量 x_m 在本方案中分别对应了步骤一中选取的指标,β_m 对应每个指标在计算逾期率时的权重。权重越大,对应指标与逾期率相关性越大。根据相关性对指标进行筛选时,引入惩罚机制贝叶斯信息准则。

$$\text{BIC} = k\ln(n) - 2\ln(L)$$

其中,k 为模型参数个数,n 为样本数量,L 为似然函数(一般选择最大似然)。BIC 综合评估模型中第一项衡量参数数量,参数越多,第一项越大;第二项衡量模型贴合度,L 越小,预测值越贴合真实值。BIC 值为负数,选择 BIC 最小的参数组合方式为筛选后的决策性指标组。

步骤四:计算决策边界

逾期预警的判断。在步骤三中,筛选得到逾期风险判断的主要指标,将步骤二中删除的部分数据(筛选出的维度无数据或异常的数据)重新添加回数据集。通过支持向量机(SVM)对数据进行分析,计算决策面。

支持向量机的计算方法为:输入自变量 $X = \{X_1, X_2, \cdots, X_n\}$,和二元变量 $y = \{-1, 1\}$,其中自变量 X_n 分别对应步骤四中筛选的主要指标,$y = \pm 1$ 分别对应是否逾期(正类和负类)。数据所在的特征空间存在的决策边界将样本按正类和负类分开,并使得数据点到决策边界的距离大于1。

决策边界为:$W^{\mathrm{T}} X + b = 0$

$W^{\mathrm{T}} X + b > 1$ 时,$y = 1$

$W^{\mathrm{T}} X + b < -1$ 时,$y = -1$

将当期数据的决策性指标代入以上公式,用决策边界能够预测是否会逾期。

步骤五：根据决策边界将数据分类

在期末结余时,将当期的结果(是否逾期)与预测结果进行比对,计算判断正确率。如果正确率过低,则需要对模型进行调整。

判断是否为当期数据问题:对一年内的逾期数据和未逾期数据分别进行聚类分析,如果当期数据大量被识别为离群值,保持原有模型不变。如下期数据逾期预测正确率未恢复正常,再进行调整。

步骤六：决策边界有效性验证

定期对模型进行调整,删除一年以上的数据,加入当期数据,重复步骤三和步骤四。将当期数据用重新计算出来的决策面进行分类。若正确率正常,更新决策面。

如通过支持向量机重新计算出的决策面仍有较低的正确率,重复步骤一至步骤四,在步骤一采集数据时,采集本年度数据。

3. 模型实例分析

以电子产业背景下游供应链金融业务为例,记录渠道商运营数据并按照周期汇总,衍生出评价其信用表现的 KRI,应用优化的客户分类方式,使用逻辑回归算法降维处理后应用支持向量机进行二分类判定,预测逾期客户。由于高纬数据无法图形展现,为清晰显示分类结果,本案例降维后采用前两大参数输入支持向量机模型,对二维数据处理并呈现分类结果示例图,但优化的客户分类方式同样适用多维变量分析。

从数据库中获取近六个月的客户经营情况数据,删除缺失值和错误值,对测试数据的所有 KRI 用逻辑回归进行分析,计算 BIC 值,选择 BIC 最小的指标组合作为决策性指标。

为方便展示,选取逻辑回归中 β 最大的两个参数作为决策性指标,X_1=自投比,X_2=现金点为例,选用 kernel 为线性分类进行分析:

以二维数据为例,数据基础分布情况如图所示,浅色为逾期数据点,如

图 4.1 所示。

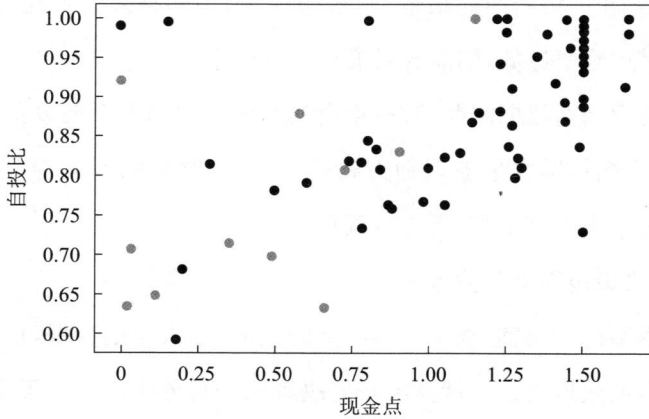

图 4.1 支持向量机算法二维样本数据分布

按比例划分训练集与测试集,用训练集计算出决策面($-W[0]/W[1] \times X - I/W[1]$,输入自变量 $X = \{X_1, X_2, \cdots, X_n\}$ 和二元变量 $y = \{-1, 1\}$,其中自变量 X_i 分别对应步骤四中筛选的主要指标)后对测试集进行分类,正确率为 0.875,如图 4.2 所示。

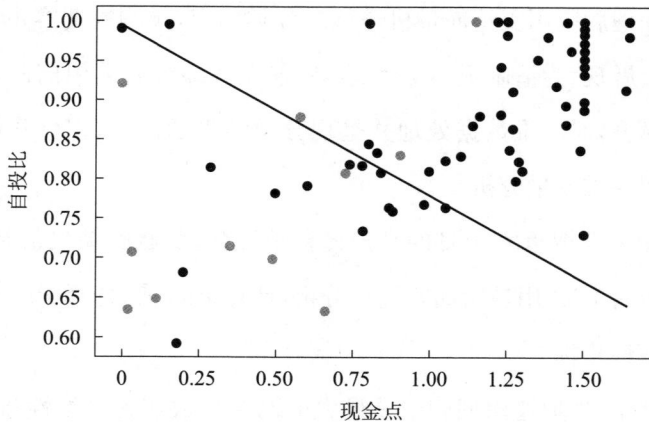

图 4.2 支持向量机算法二维样本数据决策线

4. 数据产品化：风险十字象限

在实际供应链金融业务应用中,用历史逾期客户表现预测未来可能发生的信用恶化情况,通过数学解释了预测方法,为风控判断提供决策参考,模型应用既要科学准确,也要深入浅出易于理解,模型结果需要转化成便于应用的数据产品,例如本案例中的两维支持向量机结果,在实际应用中,将建模结果结合业务逻辑转化为风险十字象限数据产品,不拘泥于模型本身,借用模型结果添加合理业务解释设计为四象限,对各个象限再细化管理,如图 4.3 所示。

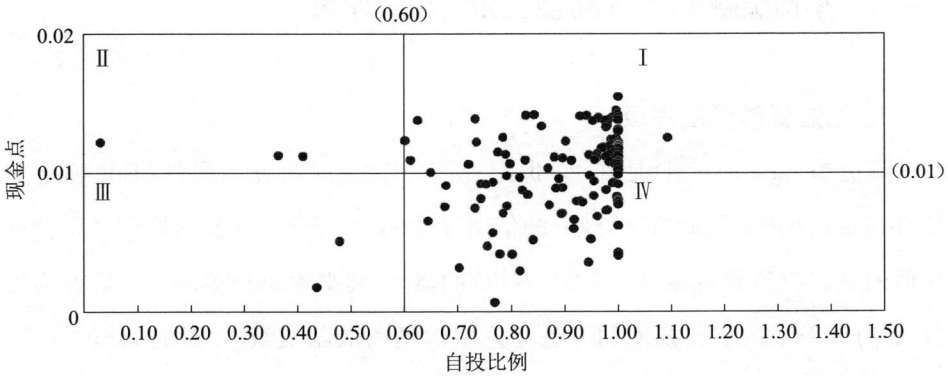

图 4.3 风险十字象限

02 供应链金融企业信用分析

一、平衡金融风险"不可能三角"：风险评级

1. 无监督的风险评级

评分卡（score card）是在 20 世纪 60 年代，美国两位工程师（Bill Fair 和 Earl Isaac）用逻辑回归方法，建立的信用评分模型，评分卡开发的原理是用特征相似的老客户预测新客户成为"坏客户"的概率，将概率进行单调变换转换为评分，评分卡开发的主要技术和方法理论基础是离散因变量多元回归分析方法，目标是区分客户。在信贷风险周期中根据不同的目标，风险评分模型可细分为以下几类评分产品：

申请评分：通过客户申请时的信息预测将来发生违约/逾期等情况的统计概率；

行为评分：通过客户以往行为表现，预测将来发生违约/逾期等情况的统计概率；

催收评分：通过客户以往行为表现，预测已逾期账户清偿欠款/逾期恶化的概率。

2. 有监督的风险评级

（1）定义"坏客户"

滚动比率（roll rate）分析：

滚动比率是某个逾期状态向其他逾期状态转移的概率，逾期程度越严重，

越有可能向更坏的方向发展,更容易成为"坏客户",定义好坏客户的关键是选择明显的分水岭。

以图 4.4 为例,可以发现以下规律:

N到$N+1$期	M_0	M_1	M_2	M_3	M_4	M_5	M_6	M_7	M_8	正常	恶化
M_0	92.04	7.96								92.04	7.96
M_1	42.74	0	57.26							42.74	57.26
M_2	33.33	2.19	0	64.48						35.52	64.48
M_3	9.55	0.75	10.7	0	79					21	79
M_4	6.88	1.6	4.85	2.91	0	83.77				16.23	83.77
M_5	1.65	1.24	1.15	1.14	0.72	0	94.1			5.9	94.1
M_6	1.07	0.68	0.34	0.45	0.54	0.78	0	96.14		3.86	96.14
M_1	0.27	0.83	0.8	0.51	0.04	0.12	0.46	0	96.97	3.03	96.97
M_8	13.56	4.17	15.19	6.69	19.26	24.74	14.73	1.66	0	100	

图 4.4　滚动比率实例图

①逾期状态为 M_0 的客户,92.04%会继续保持正常状态,7.96%会恶化为 M_1;

②逾期状态为 M_1 的客户,42.74%会回到正常状态,57.26%会恶化;

③逾期状态为 M_2 的客户,64.48%会继续恶化为 M_3;

④逾期状态为 M_3 的客户,79%会恶化为 M_{4+};

⑤逾期状态为 M_{4+} 的客户,83.77%会保持逾期状态。

选取临界值的准则是能很好地将目标客户区隔,为了让风控模型有更好的区分能力,需要将客户好坏界限尽可能划分清晰,因此,我们认为历史逾期滚动比率超过 80%后变好的概率会非常低。可以定义:

"坏客户"(Bad)=逾期状态为 M_{4-}(逾期超过 90 天),如图 4.5 所示。

定义表现期。坏客户出现的时间不确定,定义 M_{4+} 为"坏客户","坏客户"并不一定从第一期就开始转为 M_{4+},有些账户是在前 4 期账龄(month on book,简称 MOB)达到 M_{4+},有些是在后几期才达到 M_{4+},需要再定义足够长的观察期才能识别更多的"坏客户",vintage 分析用来判断客户展现好坏的时间

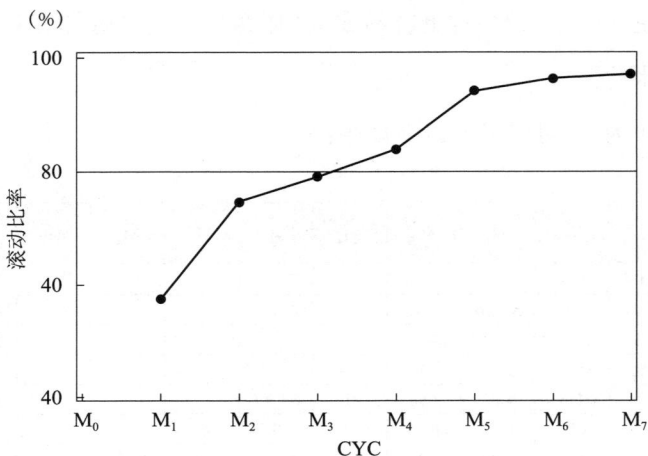

图 4.5　滚动比率逾期示意图

因素,从而帮助定义表现期,表现期越长,信用风险暴露将越彻底,但观察期离当前日期越远,用以提取样本特征的历史数据将越陈旧,建模样本和未来样本的差异也越大。反之,表现期越短,风险还未暴露完全,但好处是能用到近期的样本,因此,需要确定一个合适的表现期能覆盖足够多的"坏客户"即可。如果客户在相当长的时间内都没"变坏",则意味着经过一段时间的观察后,客户成为"好客户"(Good)的概率比较高,如图 4.6 所示。

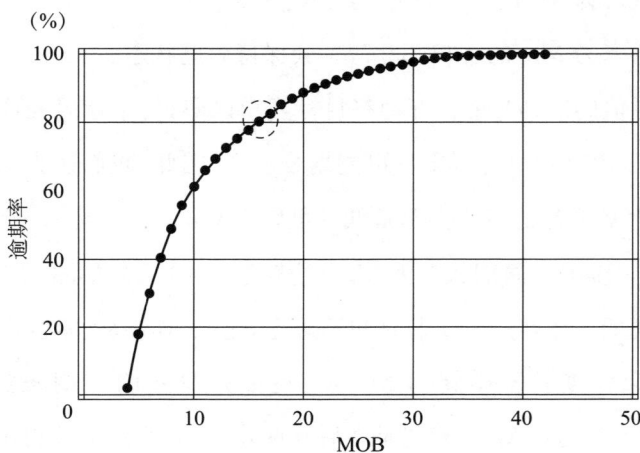

图 4.6　表现期的选定示例

例如对于 10 000 个客户,以 MOB_1 为起点统计"坏客户"率,在 16 期内发现了 80% 的"坏客户",那么定义表现期为 16 个月。

将两者结合起来,定义:

坏客户:账户经过 16 期表现期后,逾期状态为 M_{4+1}(逾期超过 90 天)。

好客户:经过 16 期表现期,但未达到 M_{4+1} 逾期状态。

中间客户:未进入 16 期表现期,账户还未成熟,无法定义好坏,也就是不定样本,这些客户将被排除在建模样本之外,比例不应该超过 15%。

(2)WOE 变量转换

回归方程表达式一般都要求自变量为连续型的数值变量,有方向且有强度。但融资申请主体资料很多情况不满足这样的要求,需要对变量进行数值转换。证据权重(weight of evidence,WOE)转换可以将逻辑回归模型转变成标准评分卡格式。

WOE 变换方式:

①将连续型变量分为若干个分段(bin),除了使用最优分段方法,当业务需要对分段进行解释时,也可以用等宽度分段等其他分段方法。

②对每一个分段(bin)进行 WOE 转换,将原始变量转换为 WOE 变量,对于第 i 类正常和违约的分布分别是 $\text{Good}\% = \dfrac{\text{Good}}{\text{total Good}}$ 和 $\text{Bad}\% = \dfrac{\text{Bad}}{\text{total Bad}}$,其中 Good 为 i 类中"好客户"数量,total Good 为总样本中"好客户"数量,Bad 为 i 类中"坏客户"数量,total Bad 为总样本中"坏客户"数量

$$\text{WOE}_i = \log \frac{\text{Good}_i\%}{\text{Bad}_i\%}$$

在本文中 WOE_i 定义为 $\text{Good}_i\%$ 在分子部分,$\text{Bad}_i\%$ 为分母部分,有的情况反之,结果数值相同符号相反,需要注意符号,但不影响评分效果。

WOE 是概率比调整后的对数,而且还有更多良好的性质,归结为:

①WOE 可以将不纳入模型的名义变量、顺序变量等离散型变量进行连续

性处理,转换成连续型的数值变量参与建模。

②所有原始变量进行了标准化,消除了量纲的影响。

③在风控业务中,尤其在针对逾期与否的模型建立中,WOE 是一种常用且十分具有针对性的变量转换方式。在逾期模型中,所考量的预测结果 y 往往通过是否逾期来区分好坏样本,且逾期样本与不逾期样本的个数往往并不平均,通常逾期样本占有较小的比例。这样一来,分箱后的样本需要通过 WOE 变量转换赋予权重比例,使其能体现该变量对预测结果的贡献,如图 4.7 所示。

表 4.1　WOE 变换方式

名　称	表达式	"好客户"比"坏客户"多	"坏客户"比"好客户"多
Odds	Good%/Bad%	$[1,+\infty)$	$[0,1)$
WOE	log(Good%/Bad%)	$[0,\infty)$	$(-\infty,0)$

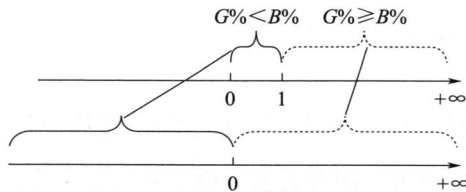

图 4.7　WOE 图示

Odds 为好坏样本比。单纯用 Odds 进行转换,取值区间不对称,则宽区间在回归中会产生偏离实际的系统性误差,WOE 将区分出 $Good_i\%$ 配以更高的权重,从而能够更好区分出预测结果 Y,并配以更高的权重。通过 WOE 变量转换,建模目的更加倾向于挖掘"好客户",在阈值模糊区域,更倾向于预测 $Good_i\%$ 分类。

④WOE 能衡量一个属性偏向好坏,且能描述偏向的强度。

⑤WOE 变量转换更方便将逻辑回归转化成评分卡形式,下面回归模型即评分转换部分会详细介绍。

WOE 举例。以供应链金融客户运营"现金折扣比例"指标为例,连续型变量分为 5 个分箱,分别计算每组分箱的 WOE,见表 4.2。

表 4.2　某供应链金融客户每组分箱 WOE

分箱序号	变量分箱	坏客户	好客户	坏客户%	好客户%	WOE
1	NA	210	2130	23.3%	7.9%	−1.084 4
2	[0,0.5)	208	3870	23.1%	14.3%	−0.477 7
3	[0.5,1.2)	155	4020	17.2%	14.9%	−0.145 6
4	[1.2,1.28)	88	3600	9.8%	13.3%	0.310 2
5	≥1.28	85	4380	9.4%	16.2%	0.541 0

(3)如何划分最优的临界值

如何划分最优的临界值,从而界定最优的分组?

通常评价分组优劣的指标有基尼系数(gini index)、不纯度变化(impurity reduction)、卡方检验(chi-squared test)、熵(entropy)、ROC、信息值(information value,IV)。

介绍常用确定最优分组的方法:变量分组。

变量分组中"好客户"和"坏客户"的差异越明显,在模型中的判别能力就越好,相应的 IV 值就会越大,将不同组的 IV 值加总,则会得到这个变量的 IV 值。

$$IV_i = \sum_{i=1}^{n} IV_i = \sum_{i=1}^{n} (Good_i\% - Bad_i\%) \times WOE_i$$

IV 值与该变量预测性的参考见表 4.3。

表 4.3　IV 值与该变量预测性

IV 范围	预测性	IV 范围	预测性
IV≤0.02	几乎没有	0.3<IV≤0.5	强
0.02<IV≤0.1	弱	IV>0.5	需重新确认
0.1<IV≤0.3	中等		

以供应链金融客户评价指标"现金折扣比例"指标为例,继而计算该变量 IV 为 0.260 5,具体见表 4.4。

表 4.4 "现金折扣比例"指标分箱 WOE 及 IV

分箱序号	变量分箱	坏客户	好客户	坏客户%	好客户%	WOE	IV
1	NA	210	2 130	23.3%	7.9%	−1.084 4	0.167 5
2	[0,0.5)	208	3 870	23.1%	14.3%	−0.477 7	0.041 9
3	[0.5,1.2)	155	4 020	17.2%	14.9%	−0.145 6	0.003 4
4	[1.2,1.28)	88	3 600	9.8%	13.3%	0.310 2	0.011 0
5	≥1.28	85	4 380	9.4%	16.2%	0.541 0	0.036 7

不同的分组方式对应不同的 IV 值,最大的 IV 值决定了技术上最优的分组,但具体的分组策略还要结合管理的需要,分组的 WOE 应表现出一定的趋势。

变量分组准则:

①变量有单调的趋势(或可解释的 U 型趋势)并且与业务理解相符;

②分组一般不超过 8 个;

③各个分组间的坏账率有明显差异;

④每个分组有一定比例的客群占比;

⑤每个分组有足够的坏账户数。

表 4.5 变量分组与变量 IV

变量名称	分　　箱	变量 IV
变量1		0.260 5
变量2		1.728 026 4

续上表

变量名称	分　　箱	变量 IV
变量 3		0.564 493 7
变量 4		2.285 395 8

Gini 与 IV 值类似，一种分组规则决定一个 Gini 系数，取得最大的 Gini 系数的分组规则则是技术上最优的分组规则。Gini 系数原理如图 4.8 所示。

$$Gini = \left(1 - \sum_{i=1}^{n} Good_i\% \times Bad_i\% - 2 \times \sum_{i=2}^{n} Good_i\% \times Cum\ Bad_i\%\right) \times 100$$

（4）回归模型及评分转换

评分模型的业务优势如下：

①评分模型统一量纲，提高了决策的一致性，提升了风险决议效率；

②评分模型用线性关系描述风险强度，评分模型稳定且易于维护。

（5）回归模型转化成评分的通用方法

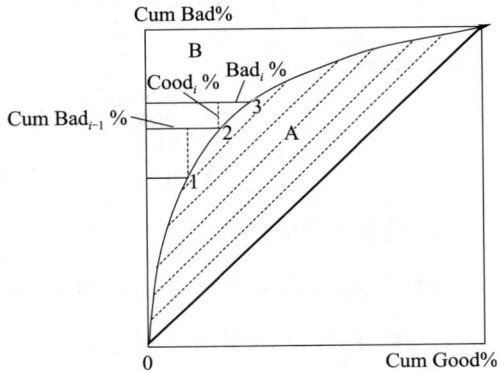

图 4.8　Gini 系数原理示意

93

某事件发生的概率为 p，不发生的概率为 $1-p$，$p/(1-p)$ 为发生与不发生之比，即 Odds，若对 Odds 取自然对数，就得到了熟知的逻辑回归算法表达式：

$$y = \ln\left(\frac{p}{1-p}\right) = F(\beta_0 + \beta_1 \times \mathrm{WOE}_1 + \beta_2 \times \mathrm{WOE}_2 + \beta_3 \times \mathrm{WOE}_3 + \cdots) + \varepsilon$$

逻辑回归其实就是以发生比自然对数为固变量的线性回归模型（详细推导过程不再赘述）。由上述公式变换，评分卡的最终分数通常可以表示为发生比自然对数的线性表达式：

$$\mathrm{Score} = \mathrm{Offset} + \mathrm{Factor} \times \ln(\mathrm{odds})$$

Offset 和 Factor 是常数，Offset 为补偿分数，Factor 为刻度，负号可以使得概率值越低得分越高，这与我们的认知是相符的，即低分代表高风险，高分代表低风险。在上式中，可以通过两个假设计算 A 和 B 的值：

①当 Odds 为 θ 时，对应的分数为 P_0；

②当 Odds 翻倍时，对应的分数为 $P_0 - \mathrm{PDO}$，PDO 为 Odds 翻倍时对应的分数变化。基于上述两个假设可得以下两个公式：

设置：

$$P_0 = \mathrm{Offset} - \mathrm{Factor} \times \ln(\theta)$$

$$P_0 - \mathrm{PDO} = \mathrm{Offset} - \mathrm{Factor} \times \ln(2\theta)$$

联立求解：

$$\mathrm{Factor} = \mathrm{PDO}/\ln(2)$$

$$\mathrm{Offset} = P_0 + \mathrm{Factor} \times \ln(\theta)$$

回归模型转化成评分实例

假设想要设定评分卡刻度使得 Odds 违约比正常为 $\{1:60\}$ 时，信用分 Base Score 为 600，而当 Odds 扩大 2 倍时，信用分降低 20 分至 580 分（PDO=20）

那么得出：

Factor=20/ln(2)=28.853 9

Offset＝600＋28.853 9×ln(1∶60)＝481.86

Score＝481.86－28.853 9×ln(Odds)

需要说明的是,Odds 的取值通常可结合业务实际情况合理确定,如金融机构客群中,坏客户和好客户之比是 1∶20,则 Odds 可近似设置成 1/20,至于确定 Odds 后的 P_0 和 PDO 的值设置合理即可,比较常见的是 P_0 取 600,PDO 取 20。

(6)拒绝推论

拒绝推论产生的基础是由于"幸存者偏差",即初次建模使用的样本来自"风控批核"后的数据,实际生产环境面对的是将要"风控批核"和将要"风控拒绝"的数据,对于那些已经被拒绝的客户,我们不知道其真实表现,所以要用初始模型去推断这些客户成为"好客户"和"坏客户"的概率,如图 4.9 所示。

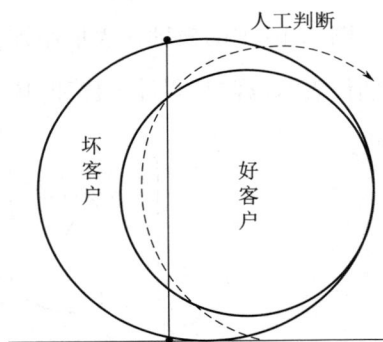

图 4.9　拒绝推论原理示意

最终模拟出拒绝和批核客户分布与真实总体分布相当的二次建模开发样本。

(7)模型校验

评分卡的目的是分类,是否能有效区分好坏客户,以下四个关键的技术指标均可以量化模型效果。

1. KS(kolmogorov-smirnov)

在评估模型效果时,最常用的评估模型区分度的指标是 KS 值,KS 值表示模型对好坏样本的区分程度,即模型好坏样本分得越开,KS 值越大。在对模型样本评分后,对评分进行升序排列,可以得到累计的坏样本占比和累计的好样本占比两对序列值,对两对序列值作差后,取最大值即得到了 KS 值。KS 值的取值范围为[0,1],若模型有效,KS 值通常不低于 0.3,在一定范围内 KS 取值越大说明模型对好坏样本的区分度越好,但若 KS 取值超过了 0.9,说明模型对好坏样本区分度过大,即好坏样本的评分分布不是正态分布,这样的模型通常是不建议使用的。需要注意的是 KS 值只是代表了模型对好坏样本的区分能力,跟模型的准确性关系不大,即使模型的准确性不高,也会出现 KS 值很大的情况。由于有参考范围(见表 4.6)。

表 4.6　KS 值参考范围

KS 参考范围	模型区分度	KS 参考范围	模型区分度
KS≥0.9	过拟合	0<KS≤0.3	较差
0.3<KS<0.9	好	KS≤0	评分与好坏程度相悖

图 4.10 中的横轴代表信用评分值,纵轴代表累计百分比;两条曲线 a 和 b 分别代表"好客户"累计占比和"坏客户"累计占比。

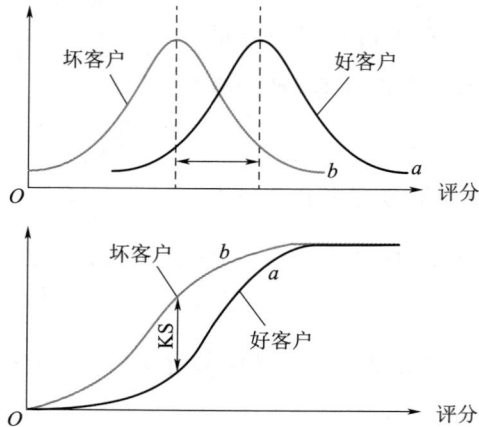

图 4.10　KS 原理示意图

在模型有效的情况下,这两条曲线距离越远,则模型效果越好;

KS 为两条线的相差最大值。

2. AUC(area under curve)

AUC(area under curve)被定义为 ROC 曲线与坐标轴围成的面积,通过曲线与 x 轴、坐标(1,0)和(1,1)所连成的直线围成的面积来判断不同曲线所对应的分类器的分类效果,面积越大,则说明该分类器越好,这个面积就是所说的 AUC 值。简单来说,AUC 值越大准确率越高。AUC 的参考范围见表 4.7。

表 4.7　AUC 参考范围

AUC 参考范围	模型区分度
0.5<AUC<1	优于随机猜测,模型妥善设定阈值,有预测价值
AUC=0.5	跟随机猜测一样,模型没有预测价值
AUC<0.5	不存在此类

ROC 计算逻辑:

在判断真实性矩阵中,存在以下几种情况:

预测值为正例,记为 P(positive);

预测值为反例,记为 N(negative);

预测值与真实值相同,记为 T(true);

预测值与真实值相反,记为 F(false)。

四个数组成的矩阵叫混淆矩阵 用这四个数来表示分类器在测试数据集上的效果,样本中的真实正例类别总数为 TP+FN。

表 4.8　混淆矩阵

真实类别	预测类别		合　　计
	预测值为正例	预测值为反例	
真实值为正例	真正类 true positive(TP)	假反类 false negative(FN)	真实的正例 actual positive(FN+TP)
真实值为反例	假正类 false positive(FP)	真反类 true negative(TN)	真实的反例 actual negative(TN+FP)
合　计	预测的正例 predicted negative(FP+TP)	预测的反例 predicted positive(TN+FN)	TN+FP+FN+TP

①真正类率(true positive rate,TPR)也称灵敏度(sensitivity),即正样本预测结果数/正样本实际数。

$$TPR = TP/(TP+FN)$$

②假负类率(false negative rate,FNR):$FNR = FN/(TP+FN)$,即被预测

为负的正样本结果数/正样本实际数。

③假正类率(false positive rate,FPR):FPR=FP/(FP+TN),即被预测为正的负样本结果数/负样本实际数。

④真负类率(true negative rate,TNR),也称特指度(specificity),即负样本预测结果数/负样本实际数。

$$TNR = TN/(TN+FP)$$

如图 4.11 所示,图中实线为 ROC 曲线,ROC 曲线是以 FPR[假正类率,FPR=FP/(FP+TN)]为横坐标,以 TPR[真正类率,TPR=TP/(TP+FN)]为纵坐标绘制的曲线,当设置不同的阈值时,会在二维坐标中得到不同的点,将这些点连起来就得到了 ROC 曲线。AUC 是 ROC 曲线下的面积,取值范围为[0,1],取值越大说明模型效果越好。通常情况下,若模型

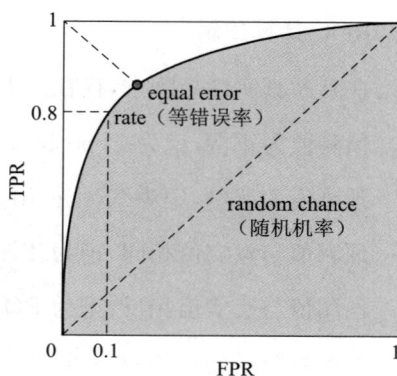

图 4.11　ROC 曲线图示

有效,AUC 取值应至少在 0.7,若 AUC 取值小于 0.5,说明模型效果比随机分类都差,若 AUC 取值接近 0.5,说明模型效果跟随机分类差不多。

(8)模型稳定性

由于模型是以特定时期的样本来开发的,因此模型是否适用于开发样本之外的整体样本,必须经过稳定性测试才能得知。模型稳定性评估主要是在模型拟合完成后,评估模型评分在训练集、测试集和验证集上的分布是否持续稳定,评估指标与评估变量稳定性使用的指标是一样的,即以训练集模型评分分箱为基准,计算模型评分在测试集、验证集上的 PSI 值稳定度指标(population stability index,PSI)可以衡量测试样本及模型开发样本评分的分布差异,是最常见的模型稳定度评估指标。其实 PSI 表示的就是按分数分档后,针对不同样本

或者不同时间的样本，人数分布是否有变化，就是看各个分数区间内人数占总人数的比是否有显著变化。公式如下：

$$PSI = \sum_{i=1}^{n} \left(\frac{Actual_i}{Actual_T} - \frac{Expect_i}{Expect_T} \right) \times \ln \left(\frac{Actual_i}{Actual_T} \bigg/ \frac{Expect_i}{Expect_T} \right)$$

$\dfrac{Actual_i}{Actual_T}$ 表示评分数据集每十分位间距中记录的百分比，$\dfrac{Expect_i}{Expect_T}$ 表示建模数据集每十分位间距中记录的预期百分比，PSI 表示两组离散变量的关联度，较低的取值说明两组变量类别分布相似。

表 4.9　PSI 计算示例

分数范围	实　际	预　期	（A－E）	A/E	ln(A/E)	指　数
0～169	7%	8%	−1%	0.875 0	−0.133 5	0.001 3
170～179	8%	10%	−2%	0.800 0	−0.223 1	0.004 5
180～189	7%	9%	−2%	0.777 8	−0.251 3	0.005 0
190～199	9%	13%	−4%	0.692 3	−0.367 7	0.014 7
200～209	11%	11%	0%	1.000 0	0	0
210～219	11%	10%	1%	1.100 0	0.095 3	0.001 0
220～229	10%	9%	1%	1.111 1	0.105 4	0.001 1
230～239	12%	10%	2%	1.200 0	0.182 3	0.003 6
240～249	11%	11%	0%	1.000 0	0.000 0	0.000 0
250＋	14%	9%	5%	1.555 6	0.441 8	0.022 1
						0.053 278 24

表 4.10 是模型评分对应的 PSI 值范围与模型稳定性之间的关系，当模型评分不稳定时，则需要寻找引起模型不稳定的原因并做出相应调整。

表 4.10　PSI 刻度含义

PSI 范围	模型稳定性	建　议
0＜PSI＜0.10	稳定性好	无须显著变化
0.10＜PSI＜0.25	轻微变化	继续监控
PSI＞0.25	稳定性差	发生重大变化，更新模型

3. 无监督的风险评级

对于新开展的供应链金融业务,没有历史数据积累或者历史逾期案例极少,不足以建模分析的供应链金融场景,在量化客户信用时,无法使用有监督模型来评价客户。按照对标分析的方式对企业进行效用排序,即使缺乏评估逾期的历史样本数据,仍然能形成行业内的企业对标分析,按照多维度排序企业运营效率,从而对应至各企业风险水平供决策分析,接下来将介绍基于数据包络分析方法的供应链金融分销商多维度模型。

数据包络分析(data envelopment analysis,DEA)是一个常用的对多投入、多产出的多个决策单元的效率评价方法,用来评价决策单元的相对有效性,该方法利用线性规划问题解决了具有不同量纲、多输入、多产出的同类决策单元之间绩效的比较评价问题。

DEA 是一种适合处理多变量(指标)的非参数估计方法,不需要数据本身满足一个明确的函数形式,只需评价者给出具有反馈性质的封闭系统的“投入”和“产出”向量,即可获得对应的相对效益评价值。设有 n 个决策单元 DMU_j $(j=1,2\cdots n)$,每个决策单元有 m 项投入 $X=(X_1,X_2\cdots X_m)^T$ 和 j 项产出 $Y=(Y_1,Y_2\cdots Y_j)^T$,可构建评价。

DEA 主要步骤:

①确定 N 个同类评价单元 DMU_j;

②选择投入产出指标;

投入指标:$X=(X_1,X_2\cdots X_m)^T$

产出指标:$Y=(Y_1,Y_2\cdots Y_j)^T$

③选择模型类型:常用 C^2R 和 BCC 模型,为不影响阅读,模型公式在此不进行描述;

④对每一评价单元 DMU 求解其对应的模型,得到其对应的有效性评价值。

对标分析 DEA 供应链金融案例

应用 DEA 对核心企业分销商这一从事同类商品分销的企业群体进行运营能力排名,从流动性、偿付能力、杠杆率及现金流充足性几个方面设计出评价指标,通过对标同类型经营企业的效能将企业分为不同等级,选取某个企业为参考阈值,低于该参考阈值的企业则记录为风险较高企业,这样重复观测几期以记录风险波动情况。此外,也可以将效率值、效能值作为评价企业的新维度,结合其他指标维度进行二次评估。

应用 DEA 模型评价供应链下游分销商运营绩效,从事同类业务的分销商即为评价单元(DMU),输入指标需选择越小越优的指标,而输出指标则选择越高越优的指标,例如周转性指标值越小表示供应链条整体效率越高,自投比例和返点值越高则表示分销商偿债能力越强,所以选择输入指标为:

库存周转(X_1);

应收周转(X_2);

应付周转(X_3)。

输出指标出:

自投比例(Y_1);

现金点折扣额(Y_2)。

模型结果:

DEA 分值越高、风险越小、排名越靠前;反之排名越靠后,各指标显示风险越高;而 DEA 值也可作为评价指标参与其他模型。表 4.11 为应用 DEA 得出的各分销商运营能力排名。

表 4.11　各分销商运营能力排名

排　　序	分销商	DEA 分值
1	安徽××信息技术有限公司	100.0
2	东莞××科技有限公司	100.0

续上表

排　序	分销商	DEA 分值
3	河南××科技发展有限公司	100.0
4	南宁××计算机有限责任公司	100.0
5	青海××电子科技有限公司	100.0
6	山东××信息科技有限公司	100.0
7	山西××科技有限公司	100.0
8	深圳××科技有限公司	100.0
9	深圳××实业有限公司	100.0
10	沈阳××科贸有限公司	100.0
11	武汉××数码科技有限责任公司	100.0
12	长沙××计算机科技有限公司	100.0
13	浙江××计算机工程有限公司	100.0
14	浙江××发展有限公司	100.0
15	浙江××科技有限公司	100.0
16	浙江××科技有限公司	100.0
17	武汉××科技有限公司	84.2
18	武汉××信息技术有限公司	77.3
19	安徽××信息技术有限公司	72.0
20	长春××科技有限责任公司	70.4
21	郑州××电子科技有限公司	66.0
22	青岛××商贸有限公司	62.4
23	山西××电子技术有限公司	62.3
24	山西××电子有限公司	61.4
25	上海××技术创新工程有限公司	60.8
26	西安××电子科技有限公司	59.9
27	浙江××信息科技有限公司	59.5
28	北京××科贸有限公司	57.7
29	哈尔滨××服务有限公司	56.9
30	南京××科技产业集团有限公司	54.8
31	××信息技术(福建)有限公司	52.7

续上表

排　　序	分销商	DEA 分值
32	北京××商贸有限公司	52.3
33	南宁××科技有限责任公司	51.4
34	临沂××信息技术有限公司	50.5
35	宁波××信息科技有限公司	50.2
36	内蒙古××科技有限公司	49.8
37	内蒙古××信息技术有限责任公司	48.7
38	郑州××电子商贸有限公司	47.5
39	长春××电脑销售有限公司	46.1
40	北京××科技有限公司	45.3

模型校验

为了验证 DEA 模型评价准确性,将 DEA 效率作为响应变量,输入指标和输出指标的权重作为预测变量,做回归分析对模型进行验证,该模型同样具备有效性,如图 4.12 所示。

```
Call:
lm(formula = efficiency ~ 0 + ., data = spreadsheet)

Residuals:
      Min      1Q    Median      3Q       Max
-1.47528  0.02501  0.13928  0.30419  0.99049

Coefficients:
       Estimate Std. Error t value Pr(>|t|)
kc     1.329e+02  2.978e+01   4.464 1.47e-05 ***
yyzq   6.924e-01  4.996e-01   1.386  0.16764
ztb    1.169e+02  3.676e+01   3.179  0.00176 **
jh     2.587e+02  8.457e+01   3.059  0.00258 **
xs     7.589e+02  2.408e+02   3.152  0.00192 **
xjd   -1.380e+04  1.273e+04  -1.084  0.27985
u0    -1.391e+00  2.389e-01  -5.822 2.89e-08 ***
---
Signif. codes:
0 '***' 0.001 '**' 0.01 '*' 0.05 '.' 0.1 ' ' 1
```

图 4.12　DEA 模型验证后果示例

在缺乏可供参考的历史样本的情况下,对标分析可以对同类型企业进行对标排序,DEA 方法适合多维度、多输入、多输出的总体效能综合排序,但不是对标分析的唯一方法,对标分析提供了一种解决信用量化的思路值得更多探讨。

二、平衡金融风险"不可能三角":风险限额

前文通过有监督模型或无监督模型评估目标企业的违约概率,这是金融风险控制的三大核心主题:定量评级、限额管理、定价管理的评估基础。对于风险限额管理,在供应链金融场景下,通常通过企业违约概率设定风险评级后,根据批量授信及批量分配额度,达到风险控制前置。风险限额的预设一方面通过简化授信流程提升金融服务效率;另一方面金融科技批量初始授信减少信审工作压力,降低了金融机构成本。

风险控制矩阵(图 4.13)提供了一个整合以下逻辑的方法:

(1)企业风险发生概率,通过评级方式量化(损失频率);

(2)风险发生的影响(损失幅度);

(3)金融机构风险承担能力(风险容忍度)。

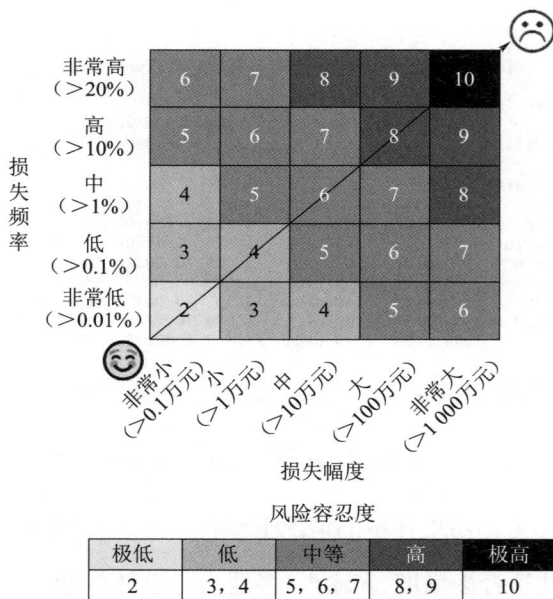

图 4.13　风险控制矩阵

初始授信政策最常用的方法是损失设定,即通过风险控制矩阵参考预估损失及金融机构内部风险承担能力倒推单一客户初始授信金额,具体步骤如下。

1. 计算客户逾期概率

按照内部评级计算违约概率PD,表4.12以2009年1月外部信用评级对EDF™评分的映射为例,评级低于Baa3的为投资级以下客户,此处忽略。

表4.12　风险评级及逾期概率

评　级	中　值	下　限	上　限
Aaa	0.420%	0.100%	0.460%
Aa1	0.490%	0.460%	0.510%
Aa2	0.520%	0.510%	0.630%
Aa3	0.760%	0.630%	0.910%
A1	1.090%	0.910%	1.310%
A2	1.570%	1.310%	1.810%
A3	2.090%	1.810%	2.410%
Baa1	2.780%	2.410%	3.210%
Baa2	3.700%	3.210%	4.660%
Baa3	5.860%	4.660%	7.370%

2. 风险容忍度设置

不同机构能承受风险的程度是不相同的,甚至不同分支机构/岗位级别支配限额也不同,金融机构内部对收益的追求也有参差,选择太小的风险,无法满足盈利要求,选择太大的风险无法承担风险损失,结合实际情况参考风险控制矩阵中从左下到右上的斜线(每条线体现一定程度的损失),选择当前风险偏好。

3. 授信总敞口及信用限额

通过风控矩阵量化风控偏好,假设风控矩阵风险偏好为中性标准。根据内部评级法我们知道预期损失EL=逾期概率PD×违约损失率LGD×风险敞口EAD,如按照授信风控总敞口与授信主体数量,以中性风险为授信基准判断。在已知逾期概率和违约损失的情况下,可以倒推出在目前风险承担能力下可以支持的最大风险敞口:授信敞口 EAD＝预期损失 EL/逾期概率 PD/违约损失率 LGD。后期也可以通过调整风险偏好及时调整授信。

三、平衡金融风险"不可能三角":风险定价

信用风险、风险定价及授信额度是供应链金融风险决策的核心,如何为中小企业贷款合理定价是长期以来令金融机构苦恼的地方,定价过高会造成客户流失;定价过低不能达到金融机构盈利目标,更无法保障供应链金融业务成本和负担的风险。

影响供应链金融收益有多方面因素,风险偏好、客户信用评级等不同,客户群可接受报价也不同,不同的因素对定价的影响存在差异,应根据客户不同的目标需求设计不同的交易结构。另一方面,可利用风险溢价等因素实现资产结构调整,来达到风险资产组合管理要求,实现风险管理目标。接下来我们重点介绍基于风险补充原则的供应链金融风险定价方法。

1. 成本加成定价法

成本加成定价法是一种传统的定价模式,原理是发放贷款所获得的收益要能够覆盖银行筹集资金的成本及相关费用,还要能够弥补可能发生的风险并为银行带来收益,成本加成定价的公式如下:

盈利利率＝资金成本率＋运营费用率＋风险溢价＋目标收益

保本利率＝资金成本率＋运营费用率＋风险溢价

成本定价法的优点在于保证了银行从每笔贷款都可以获得期望收益,同时约束了银行成本。但是这种定价模型内生性很强,不适合利率市场化情况下的贷款定价。首先,它忽略了市场利率对信贷市场的影响,在利率市场化的情况下,利率频繁变动,这会导致核算的精准率降低。另一方面,该模型从银行自身情况出发,并未将客户分类考虑,容易使优质客户流失。综上,成本加成定价法

适用于处在垄断地位的商业银行。

2. 客户利润法

客户利润法是以整体的银企关系为出发点来确定每笔贷款定价,该模型考虑的不仅是这笔贷款的收益和成本,还有长期发展中的业务水平,是基于客户贡献度的贷款定价模型。

用公式可以表示为:

综合收益水平＝(单笔交易总收入－单笔交易总成本)÷银行配置的资金

客户盈利分析定价模式是一种顾客导向性定价,改变了传统的企业经营模式,根据客户的利润贡献度进行差别定价,适合于关系密切、资金需求量大的客户。对于贷款频繁、额度小的中小企业并不非常适合。

3. RAROC

RAROC(risk adjusted return on capital),即风险调整资本收益率模型。最早由美国信孚银行于 20 世纪 70 年代提出,RAROC 的提出标志着资本、风险、收益这三个因素被纳入同一个指标体系中,RAROC 通过风险调整后的收益反推出资产定价,能更好反映资本配置效率、确保贷款面临的风险与获得的收益相匹配,且 RAROC 定价法考虑违约概率、违约损失率、经济资本等风险量化因素,符合《新巴塞尔资本协议》内部评级法和价值管理在中国金融行业的应用。

关于 RAROC 模型分解及主要因素计量:

RAROC＝风险调整后的收益÷在险资本＝(贷款收益－资金成本－经营成本－预期损失)÷在险资本

其中收益既包括利息收入,也包括中间业务收入等非利息收入;经营成本是运营该项目所需的人员成本、系统资源等经营管理费用支出;预期损失是根据客户信用风险计算出的预期损失值,以准备金形式计入银行的经营成本;在险资本就是为该笔贷款配置的经济资本,经济资本是经过评估配置,给资产用来抵消非预期损失的资本。

设一笔贷款的贷款利率为 $r(\%)$，贷款的风险暴露为 E，贷款的资金占用为 D，债务的资金成本率为 $i(\%)$，运营成本为 $f(\%)$，则此笔贷款的净收益为 $[E\times(r-f)-D\times i]$，预期损失为 $E\times \mathrm{PD}\times \mathrm{LGD}$。如果该笔贷款占用的经济资本为 K，贷款的 RAROC 就表示为：

$$\mathrm{RAROC}=\frac{E\times(r-f)-D\times i-E\times \mathrm{PD}\times \mathrm{LGD}}{K} \quad \text{（公式 1）}$$

我们进一步假设贷款的资金占用(D)等于贷款的风险暴露(E)，将债务的资金成本率 i 和运营费用率 f 合并为总成本率 $c(\%)$，经济资本 K 与贷款风险暴露 E 的比率用 k 表示（一般情况下，因一笔贷款占用的经济资本应大于零且不会超过该笔贷款的风险暴露，故 $0<k<1$），并称 k 为经济资本比率，RAROC 用 R 表示，则公式 1 可表示为：

$$\mathrm{RAROC}=\frac{(r-f)-i-\mathrm{PD}\times \mathrm{LGD}}{K}=\frac{r-c-\mathrm{PD}\times \mathrm{LGD}}{K} \quad \text{（公式 2）}$$

把 R 作为自变量，贷款利率 r 作为因变量，从公式 2 可推出基于 RAROC 的贷款定价，公式为：

$$r=k\times R+c+\mathrm{PD}\times \mathrm{LGD} \quad \text{（公式 3）}$$

在现实生活中，k 的取值仅为 $(0,1)$ 内的一个闭区间，因此不妨假设 $k\in[a,b]$，其中 $0<a<b<1$。a 为某一特定银行客户群最优客户所对应的经济资本比率，b 为该银行客户群最劣客户所对应的经济资本比率，k 在 $[a,b]$ 内连续变化。

RAROC 供应链金融实例分析见表 4.13。

表 4.13　RAROC 供应链金融实例分析

RAROC	违约概率（PD）	资金成本（i）	运营（f）	违约损失率（LGD）	单位经济资本（k）	贷款利率（r）
0.122 5	0.014	0.06	0.01	0.23	0.03	0.077 4
0.122 5	0.040	0.06	0.01	0.23	0.05	0.085 3
0.122 5	0.070	0.06	0.01	0.23	0.06	0.093 7

首先给 RAROC 一个基准值,这个值是金融机构根据自身的经营状况和盈利目标而设定的,如最低资本回报率等,假设目标风险调整资本收益率 RAROC 为 12.25%,运营成本为 1%,融资成本为 6%,在相同违约损失率 LGD 的情况下,根据不同评级客户逾期概率、不同经济资本比例,统计计算得出目标贷款利率。按照客户评级归纳为风险价格策略,如图 4.14 所示。

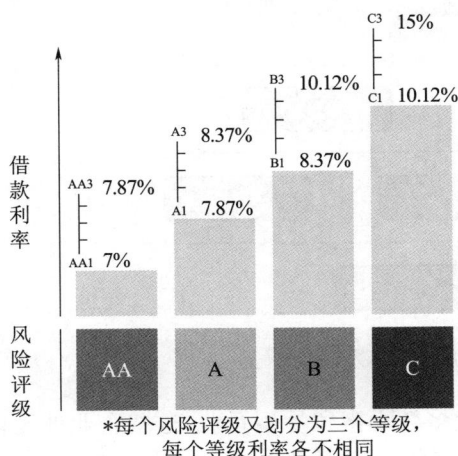

*每个风险评级又划分为三个等级,
每个等级利率各不相同

图 4.14 风险价格策略

四、案例:基于大数据信用量化的供应链金融产品

本节介绍了供应链金融信用风险量化方法,用数字模型平衡信用风险中的"不可能三角"即:风险、定价、限额。

本节内容以联想金服的"乐易贷"金融产品为例,介绍依托核心企业开展供应链金融服务时,金融机构借助大数据风险量化模型在创新金融产品和服务创新方面的应用案例。

联想在中国的销售大体框架如图 4.15 所示。

一级分销商,交易对手是联想,直接从联想集团购买货物。分销商跟联想合作非常紧密,联想金服给它们提供了无追明保、有追暗保等多种形式保理融资业务。

二级经销商,交易对手为一级分销商,往往处在三、四线城市,企业规模较小,整体资金实力不强,再加上自身财务管理规范性不强,很多二级经销商在银行无信贷记录,很难从金融机构获取贷款。

联想下游分销体系

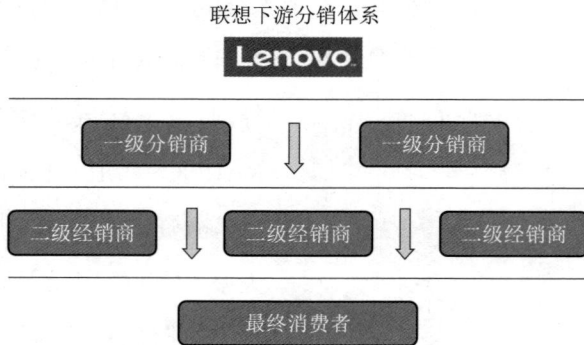

图 4.15　联想下游分销体系框架图

联想体系内的二级经销商像国内大多数小微贸易型企业，这些企业处于信贷链条最底端，往往不受主流金融机构重视，它们面临融资难、融资成本高的问题。联想金服一直致力于解决这类经销商融资难、融资成本高的问题。在实际工作中，对二级经销商授信存在以下困难：

（1）在联想体系内有近 2 万家经销商，分布在全国各个地区，其中大部分都在市县一级，分布广且分散。如果靠线下尽调审核的传统授信模式，需要投入大量人力资源去服务这类客户。

（2）这类客户的销售规模不大，资产积累一般，即使通过授信，金额也不会太大，单户产出较低，这也是主流金融机构和保理商不愿介入的主要原因。

（3）这类客户财务管理本身不规范，出于一些原因的考虑，大部分经销商都采用个人与个人的交易，公司交易部分其实比较少，经营数据的核实难度较大，授信模型很难搭建。

（4）这类客户交易本身规范性较差，开展保理业务所需的贸易合同、收货单、发票等基础资料不规范。

因此，很难采用传统的保理模式服务这类经销商。不过，联想金服经过一段时间的研发和探索找到了解决办法——供应链金融产品创新。

虽然有些经销商自身的应收账款因为基础资料的不规范，无法进行保理融资,但是经销商处于联想集团下游的销售链条之中,从联想分销商那里采购货物,而且分销商与联想之间的交易非常规范,合同、发票、收货单等佐证基础交易的资料齐全,完全满足开展保理业务的需要。

联想金服基于分销商跟经销商之间的贸易活动开展买方保理业务,保理业务类型为无追索权的明保理,由买方承担保理费,这样就解决保理业务合规性的问题。

产品结构如图 4.16 所示。

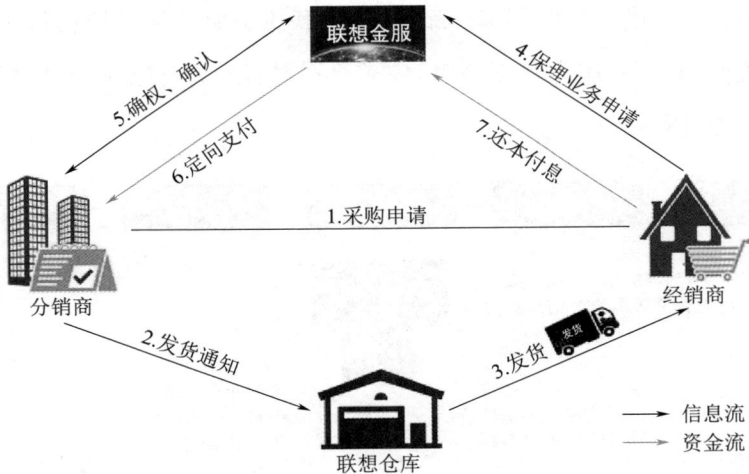

图 4.16　"乐易贷"产品模式

保理业务问题解决后需要考虑如何解决批量授信的问题,联想金融运用了大数据风险控制模型。由于经销商小且分散,数量众多,很难通过现场尽调方式进行授信,联想金服依托自身的科技和数据积累,建立了一整套大数据风险控制模型,实现了产品批量授信和监控。

(一)大数据运用

第一,得益于联想集团的渠道管理体系,联想金服可以获取分销商向经销商发货数据(即经销商向分销商的采购数据)。

第二,因为大多数分销商已经是联想金服客户,联想金服建立了一整套报数系统(即分销商定期向联想金服报送交易数据),通过报数系统也能掌握分销商对经销商的销售数据。

第三,联想金服还对接了工商、司法、征信以及个人消费信息等外部数据,及时更新因诉讼、工商处罚、违约等产生的风险信息。

第四,通过建立完善的信息映射,将核心企业独有的信息流、物流、资金流全流程数据映射为风险控制审核的财报指标,同时定期将数据转化为贷后管理的 KPI 指标,以满足贷前、贷后的风控需求;另外,通过数据精准确定经销商所需的授信额度及授信利率。除此之外,联想金服还储备数据训练风险控制评价模型,充分利用大数据模型,完善评价体系。联想金服大数据应用场景如图 4.17 所示。

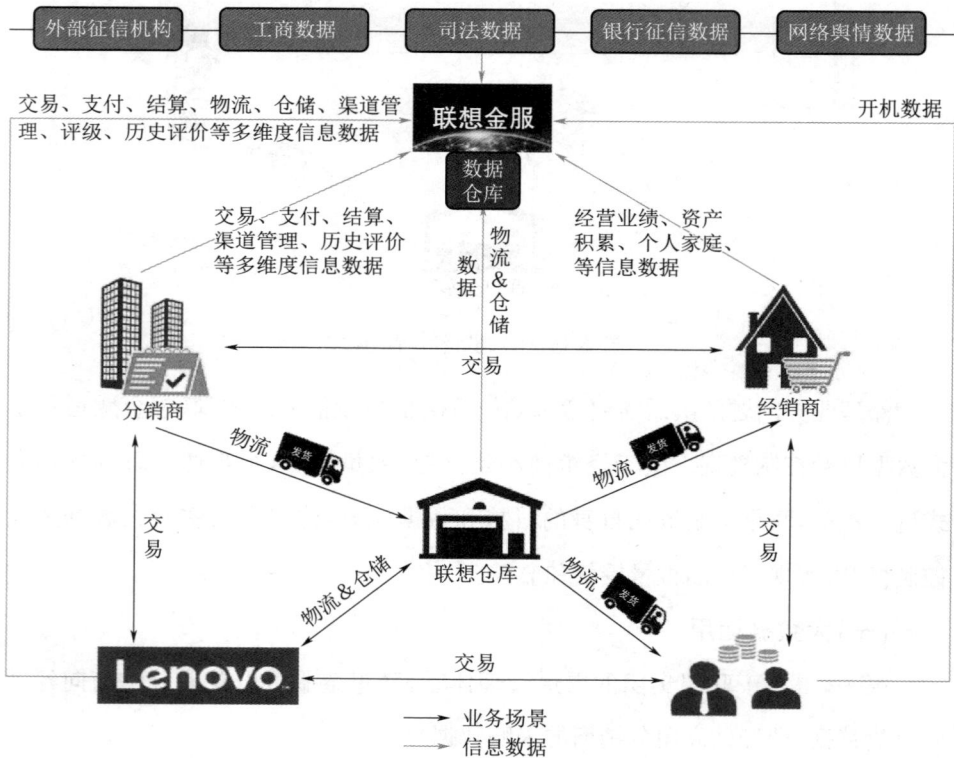

图 4.17　联想金服大数据应用场景

(二)风险控制手段

产品结构主要还是基于买方(经销商)信用,产品是否成功最终还是取决于联想金服对买方信用风险的评估。对于经销商的风险评估,主要有以下方面:

1. 前期调研

前期调研包括走访经销商、负责管理经销商的联想销售人员、与经销商直接发生交易的分销商,对于经销商的经营模式以及生存状态做全面的摸排和调研。总体来看,经销商有以下共同点:

(1)处于三、四线城市或者县级市,都是当地唯一联想经销商,直接面对客户,能获取不错的企业订单,能赚取较多的利润。

(2)由于地处三、四线城市或者县级市,基本不囤货,经营风险相对较低。

(3)公司形态多以夫妻店为主,经营稳定,是一家人主要收入来源,主观违约意愿很小;

(4)由于不定时会承接当地一些企事业单位项目以及配合联想的销售政策进货,会有临时的资金需求,因为没有融资渠道,一般以亲朋好友拆借为主。

前期调研的结论是:这类经销商有融资需求,虽然规模小但经营稳定,总体风险可控。

2. 数据支撑

通过整合联想销售供应链条,联想金服获得了比较准确的进货、销售以及物流数据,实现了一定程度的信息对称,可以基于经销商的经营情况给出合理的授信额度,同时进行针对性较强的贷后监控。

3. 风险闭环

联想采用闭环管理模式,闭环管理模式分为资金闭环和货物闭环。

(1)资金闭环:经销商从联想金服获取的保理融资直接定向支付到分销商处用于采购,防止资金挪用,实现资金闭环管理。

(2)货物闭环:分销商发货是通过联想自建仓库直接发货到经销商或者经销商指定的用户,实现货物闭环管理。

4. 严格准入

准入需符合相应条件,具体条件为:

(1)需代理联想产品三年以上;

(2)需要取得联想金服授信的分销商的推荐;

(3)实际控制人是当地户籍或者已经落户当地;

(4)实际控制人在当地有房产积累。

5. 小额分散

(1)单户授信在 100 万元以内,平均额度控制在 30 万~50 万元;

(2)这类经销商不仅代理联想产品还代理其他品牌,我们授信只针对联想产品授信,所以更加审慎和严谨。

(三)推广——产品互联网化

保理业务问题和风控问题解决后,接下来就是如何推广,即实现产品互联网化。从联想金服授信经销商的额度来看,平均额度为 30 万~50 万元,由于经销商近两万家,如果采取传统线下推广的操作方式几乎是不可能完成的,为此,联想金服开发了一套业务系统,专门用于 Tier2 产品,实现了从申请到放款全系统化操作,解决了效率问题。

1. 预授信

对获取的数据运用大数据模型计算,对经销商进行筛选制定白名单,同时进行预授信和计算风险利率,这样可以快速批量获取客户。

2. 线上申请

已获得预授信的客户,只需在线上进行注册并提供相关资料就可获得真实授信,联想金融省去了线下尽调反复获取资料的烦琐过程,通过第三方数据去验证客户的经营情况,极大简化了客户申请流程。

3. 网上签约

通过引入第三方电子签章服务商,实现网上签订保理及相关担保合同。

4. 线上放款

实现保理申请、放款系统化,不再需要客户提供应收账款转让申请、确认书等纸质单据,全部实现线上化,简化了流程,提高了效率。

通过预授信的方式,联想金服为产业链末端的两万家二级服务商提供精准的金融支持,通过批量授信降低供应链金融信用审核边际成本,应用大数据对客户准入、评级、定价、限额等一系列金融服务提供支持,研究小微企业的特征,持续了解小微企业客户的需求,不断开拓创新,开发出适合小微企业的供应链金融产品。

03　供应链金融企业

一、破产风险预测

根据经济不稳定理论中的收入与债务关系,将融资者分为三类:对冲性融资(hedge-financed firm),即债务人期望融资获得的现金流能覆盖利息和本金,这是最安全的融资类型;投机性融资(speculative-financed firm),即债务人预期融资的现金流只能覆盖利息,这是利用短期资金为长期头寸来融资;庞式融资(ponzi firm),即债务人需要靠出售资产或者借新钱来履行支付承诺。投机性融资和庞氏融资能够持续,依赖于信贷环境的宽松和资产价格的不断上涨,一旦条件不具备,融资链就会断裂。

经济不稳定理论认为,脆弱性与投机性投资泡沫内生于金融市场。在经济景气时,当人们通过承担风险赚钱越来越容易,在承担风险方面就会越来越不谨慎,公司和个人的现金流增加并超过偿还债务所需,容易产生投机的陶醉感;久而久之,当债务超过债务人收入所能偿还的金额时,违约就随之产生。工业供应链下游企业多为贸易流通类企业,以电子产品类批发企业为例,2008年之后是电子产品市场大幅度发展的阶段,电子产品类批发企业规模大幅度上升,相应的负债规模也随之上升,2015年、2016年行业中有部分企业由于资金链断裂不得不宣告破产。供应链金融风险控制依据供应链交易环节中的大量数据,有利于判断债权人的融资类型以识别风险。图4.18为2007—2016年国内贸易类限额以上批发业负债率变化曲线。

国内贸易类限额以上批发业负债率

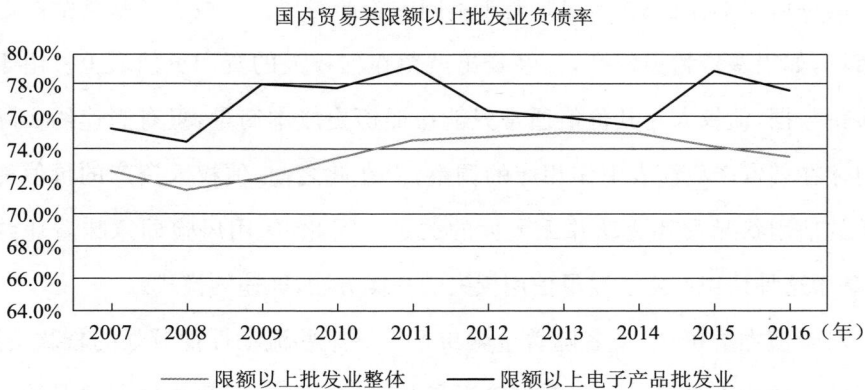

图 4.18　国内贸易类限额以上批发业负债率

二、期权定价理论

前文提到的回归分析是根据历史违约企业的数据预测当前客户的违约概率外,被形象比喻为通过后视镜驾驶汽车,由于信用评估在国外起步较早且已积累大量数据,所以在国外应用较为广泛,然而在我国,供应链金融并非伴生供应链建设,而是近些年才兴起的金融模式,导致历史数据及历史违约样本积累不足,在供应链金融实际应用中是否能快速建立回归分析模型取决于供应链搭建过程中基础数据是否完整,这是很多供应链金融企业面临的问题。针对此类情况,我们探索了基于期权定价模式的风险评估方法。

关于信用风险,人们的理解不完全一致。根据巴塞尔委员会对不同国家的 20 个大型跨国银行的调查,他们对信用风险的认识大体可以分为两种:一种称为违约模式(default mode,DM 模式),认为信用风险就是违约风险,即借款者不能偿还到期债务,造成违约而给经济主体带来的风险;另一种称为盯市模式(mark-to-market,MTM 模式),认为信用风险是信用期间内借款人信用评级或者履约能力的恶化(包括违约)引起债务损失的可能性。

两种认识不存在对错,只是基于不同的资产对象。有些资产缺乏活跃的二级市场,如很多贷款类资产,一经贷出就留在债权人的资产负债表上。由于缺乏市价数据,债权人对其价值通常只能按照历史成本衡量,只有当违约实际发生时才在其资产负债表中作相应的调整,而在此之前,债权人资产的价值和借款人的信用状况及其变动并无太大的关系。因此,信用风险即意味着违约风险,基于这种认识产生了度量信用损失的一类方法,即违约模式。

对于债券类资产,或者随着金融市场发展某些流动性比较强的贷款资产,它们的市场价值通常会得到更为恰当和及时的反映。借款者信用状况的变动会随时影响其价值,而不是仅在违约时出现。因此,信用风险不仅包括违约风险,还应包括由于交易对手信用状况和履约能力的变化给债权人带来的潜在风险。基于这种认识,产生了另一类度量信用损失的方法,即盯市模式。

尽管在盯市模式中,信用风险还包括信用评级的变化,但违约风险始终是信用风险的核心和主要来源。违约概率通常很小,一个普通借款企业的违约概率为2%,一个典型的银行借款者违约率约为5‰,对于评级为 AA 级以上的借款者,其违约概率几乎为0。尽管如此,违约风险仍是银行和各种金融机构都高度关注的课题,原因是现在银行的贷款利润小,对违约风险的细微错算都可能失去获利,而且,违约事件一旦出现,就可能对贷款者造成巨大损失。

此外,违约风险具有累积性。现代金融机构通常既是贷款者也是借款者,一方的违约风险可能会扩散到各方,引起加总的违约风险迅速扩大。这一点不同于市场风险,市场风险是双向的,一方所得正是另一方所失,加总的市场风险为0。而违约风险不具有零和性,即使进行债务转移,最后也必须有人承担。违约风险也无法被对冲掉,只能通过多样化组合进行分散,只有对信用风险进行恰当度量和多样化管理,才能得到必要的风险补偿。

信用风险监管模型(credit monitor model,简称 KMV 模型),是 KMV 公司

在默顿期权定价理论框架下开发的风控模型,其基本思想是:当企业资产价值小于其要偿还的负债时,企业就会违约,因为在有限责任公司制下,企业所有者不会用企业资产以外的资源来偿还借款,企业市场价值的违约点被设定为与企业负债水平相等的企业资产价值。因此,企业资产的市场价值、资产价值波动率和违约点是 KMV 模型的三个关键变量,如图 4.19 所示。该模型的思路为:首先预测在何种情况下预期借款人会出现违约,然后对其违约的可能性进行预测,从而最后获得违约概率的预测值。

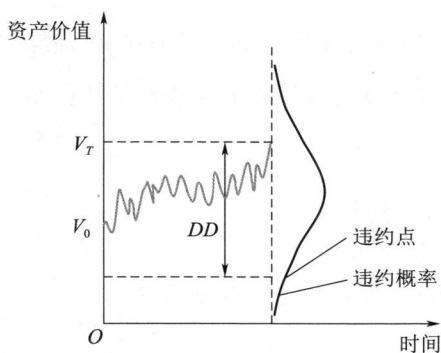

图 4.19 公司资产价值的路径模拟

基于"资产价值＝负债价值＋权益价值"理论,当资产价值小于负债价值时,债权人的权利不能被完全清偿,此时该企业已经资不抵债,这就意味着该企业可能违约。这一退出期权的定价可以通过期权定价理论方法来完成,罗伯特·C. 默顿在 1974 年首次应用期权理论解决公司债务定价问题,因此,KMV 模型又被称为默顿模型。这里主要讨论的不是公司负债的定价问题,重点关注的是对违约概率的预测,特指基于期权定价理论评估供应链金融中企业的违约风险。为了便于理解,我们会以简明达意为原则尽量简化理论公式,资产价值的公式如下:

资产价值 V_A＝负债价值 L＋权益价值 V_E

计算违约概率的具体步骤如下。

首先,利用 Black-Scholes 期权定价公式,根据公司股权价值 V_E、权益价值波动性 σ_E、到期时间 T、负债价值 L、无风险借贷利率 r 及负债的账面价值估计出公司的市场价值 V_A 和资产价值的波动性 σ_A、$N(d)$ 为标准正态分布的累计概率。权益价值的计算公式为:

$$V_E = V_A \times N(d_1) - L \times e^{-rT} N \times (d_2)$$

其中：

$$d_1 = \frac{\left[\ln\left(\frac{V_A}{L}\right) + \left(r + \frac{\sigma_A^2}{2}\right)T\right]}{\sqrt{T}\sigma_A}$$

$$d_2 = d_1 - \sqrt{T}\sigma_A$$

$$\sigma_E = \frac{V_A}{V_E}N(d_1)\sigma_A$$

其次，根据公司的负债计算出公司的违约点 DPT（default point），经大量实际案例表明，企业违约点为企业短期负债 SD 的价值加上未清偿长期负债 LD 账面价值的一半，公式为：

$$DPT = SD + \frac{LD}{2}$$

计算借款人的违约距离 DD 的两种方法：对数算法和简单算法。

对数算法：
$$DD = \frac{\left[\ln\left(\frac{V_A}{DPT}\right) + \left(r + \frac{\sigma_A^2}{2}\right)T\right]}{\sqrt{T}\sigma_A}$$

简单算法：
$$DD = \frac{\left[E(V_A^T) - DPT\right]}{V_A\sigma_A}$$

其中简单算法中，$E(V_A)$ 表示资产的期望价值。

最后，根据企业的违约距离 DD 与预期违约率 EDF 之间的对应关系，求出企业的预期违约率，公式为：

$$EDF = N(-DD)$$

三、非上市公司违约预测

KMV 模型是穆迪公司主要使用的评级方法，是内部评级法中实际应用最广泛的信用风险模型之一,但其主要针对上市公司,为此在 KMV 模型的基础上开发出适用于非上市公司的信用风险模型 PFM 模型(private firm model),而供应链金融服务的主体大部分是非上市公司,下面我们将详细介绍 KMV 模型和 PFM 模型在量化供应链金融违约风险的应用实践。

非上市企业由于缺乏一级市场的价值发现途径,无法估计波动性。因此,为了度量非上市公司的违约风险,在 KMV 模型的基础上开发了行业替代模型 PFM。PFM 的解决方法是:按照某种标准寻找与目标非上市企业类似的上市企业,根据 KMV 计算后者的市场价值,把得到的市场价值作为目标企业的市场价值。

经过大量数据的验证,企业的资产价值与其现金流之间存在很强的相关性,但这种关联由于行业的不同而有所差异,企业的现金流与财报中 EBITDA(息税折旧摊销前利润)相关性最强,PFM 模型通过计算同行业上市公司的波动性,再结合企业财报来估计市场价值和波动,从而计算期望违约率 EDF。

四、供应链金融企业破产风险

供应链金融融资对象为核心企业下游,即一级分销商客户,逻辑思路如图 4.20 所示。

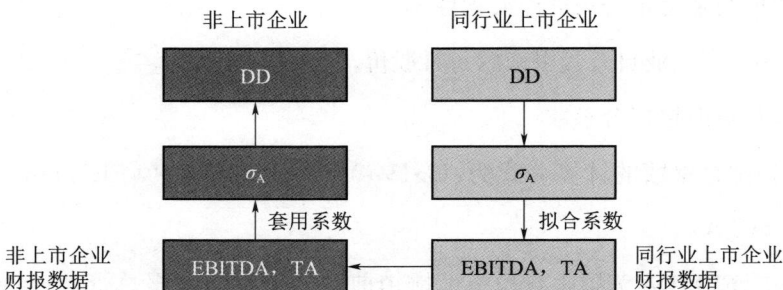

图 4.20 应用于供应链金融下游分销渠道的 PFM 模型

具体步骤如下：

第一步，通过同行业上市企业的股价及波动计算其市场价值 V_A、资产价值的波动性 σ_A；

第二步，结合上市公司财报，计算拟合系数，用于映射至非上市企业的财报数据中；

第三步，使用财报数据，拟合系数，计算下游非上市企业的逾期概率。

五、供应链金融企业破产风险案例分析

本案例中，以制造型信息与通信技术（ICT）科技企业为核心企业，基于期权定价模型分析其下游一级分销商渠道破产概率。

（1）同行业上市公司选择

制造型 ICT 科技企业的核心下游一级分销企业主要经营电子设备流通，模型筛选了国内 150 余家经营 ICT 电子设备流通的上市企业，主要包括：长城电脑、海康威视、同方股份等，收集同业上市公司的年度财报、每日收盘价格、市场流通股数等基本信息。

（2）同行业上市公司资产价值 V_E

计算公式为：$V_E =$ 上市公司的流通股数×股价

（3）同行业上市公司资产波动性 σ_E

收集上市企业自开盘以来的每日股价，计算资产波动 σ_E。

（4）计算财报拟合参数

财报拟合参数的计算公式为：$\log(V_A) = 10.44 + 5.299(\text{EBITDA/TA}) + 0.285\log(\text{TA})$

其中，**EBITDA** 为财报息税折旧摊销前利润；**TA** 为财报总资产；**sales** 为财报主营业务收入。财报拟合参数的计算如图 4.21、图 4.22 所示。

Coefficients:				
	Estimate	Std. Error	t value	Pr(>|t|)
(Intercept) 10.4444	1.5715	6.646	8.44e-08	***
×1	5.2994	2.4827	2.135	0.0395 *
×2	0.2849	0.1173	2.428	0.0201 *
——-				
Signif. codes: 0 '***' 0.001 '**' 0.01 '*' 0.05 '.' 0.1 ' ' 1				

图 4.21　财报拟合参数（1）

$\sigma_A = 1.177 - 0.067*\mathrm{ln\_sales}$

Coefficients:				
	Estimate	Std. Error	t value	Pr(>|t|)
(Intercept) 1.17684	0.14497	8.118	7.98e-10	***
ln_sales　−0.06736	0.01122	−6.001	5.67e-07	***
——-				
Signif. codes: 0 '***' 0.001 '**' 0.01 '*' 0.05 '.' 0.1 ' ' 1				

图 4.22　财报拟合参数（2）

（5）计算非上市公司的违约概率

使用目标企业的财报和步骤 4 中的参数，按照公式计算预期违约率 EDF。

（6）供应链交易数据替代法

也可以将供应链交易的购销存数据及衍生 KPI 替代 PFM 中财报指标，这样能避免中小企业财报不真实、不规范的弊端，真实交易数据为准确量化信用风险提供了基本保障。

第五章

供应链金融信用风险归集：区块链「信」平台

如今，很多中小企业的应收账款占比高，赊销项下的账期占压给中小企业的发展带来了束缚。应收账款转让、应收账款质押、票据贴现等传统方式已经存在许久，且传统供应链金融融资方式主要针对大型核心企业的一级供应商，这就导致了中小企业手中的应收账款无法融资转化为资金，为了促进中小企业的发展，国家多次发文鼓励和推动应收账款融资的发展。

　　供应链金融近十年的蓬勃发展，离不开同期跃进的金融科技，通过搭建基于区块链技术的应收账款多级流转平台，供应链金融构建了一种新的债权凭证模式——应收账款多级流转凭证，通过凭证的自动拆分、转让来实现供应商之间的应收账款流转，可使商业体系中的信用变得可传导、可追溯。在实现数据保护的前提下，金融机构、核心企业和上下游企业可以打破信息壁垒，进而实现交易渗透，帮助手握收款凭证但无法融资的中小企业获得融资机会，弥补经济流动性的不足，极大降低中小企业的资金成本。接下来我们详细介绍供应链金融六大痛点及"信"平台优势及实践。

01　供应链金融行业痛点

一、资产确权难

供应链金融中的"确权"可以简单解释为：由供应链金融机构将叙作保理的应收账款清单发送至基础合同买方，买方盖章确认清单所列应收账款存在以及买方应尽在应收账款之下的款项支付义务，且买方知晓了清单列示的应收账款叙作保理。但实际业务中，买方核心企业缺乏确权动因，且内部签批流程长，导致有效的确权难以落地。

二、资产融资难

许多中小企业自身信用不足，融资难、融资成本高，这是大多工业企业的现状，如图 3.1 所示，2021 年 6 月工业企业应收账款达 175 600 亿元，同比增长保持在 13％左右，企业融资需求长期保持高位增长。

中小供应商的交易通常围绕核心企业开展，而当前核心企业应付账款周期较长，越来越多的核心企业以商票的形式向供应商开具应付账款凭证。

（亿元）
2020年10月—2021年6月末工业企业应收账款情况

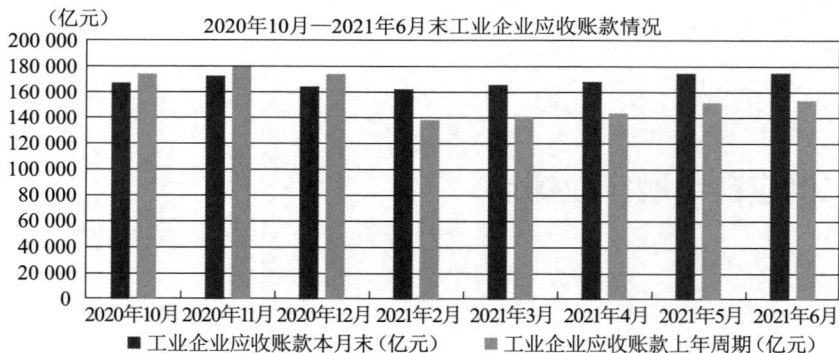

图 5.1 工业企业应收账款情况

三、资产转让难

很多中小企业手握优质、真实的应收账款债权却只能长期闲置,转让需要核心企业确权,其拆分、流转难度大,转让成本高。当中小供应商向金融机构融资,通过风险评估发现,难以准确核实贸易背景的真实性,难以评估供应商的应收账款汇款风险水平。

四、信用传递难

传统的保理业务,只能将核心企业的信用传递到一级供应商,对产业链更上游的企业无能为力。第二级信用传递又会重复之前的确权、拆分等问题导致再融资审查手续复杂、流程长、成本高,资产再流转困难、再融资进程困难等问题。

五、资产风控难

传统贸易背景的真实性存在一些问题,在这些问题面前,或者缺乏有效识别手段，或者成本过高、抵触过强而难以实际采用。

六、操作成本高

由于线下受理成本高，对于小额、分散、大量、高频的中小企业保理融资需求，银行和商业保理公司都不得不放弃该市场，但这恰恰是风险分散、收益更高的业务。

02 区块链"信"平台

面向全新信用凭证模式的区块链链上存证及拆分流转"信"平台以大数据、人工智能、云计算、区块链等先进科技手段为支撑,致力于构建多方参与的产业链生态圈的高科技产业驱动性企业,从信息流、商流、物流、资金流等多项领域,打通从生产到消费的全场景,赋能中小企业,助力实体经济发展,解决供应链金融行业痛点。开发可签发电子信用凭证并能够进行拆分转让的融资凭证流转平台,实现供应商收到电子凭证后可以向更上游的供应商拆分转让相关凭证,持有凭证的企业可以在平台上向资金方发起融资或持有到期等待核心企业兑付,能够将核心企业强信用层层传导至供应链的末端,将原先绝大多数无法覆盖的客户纳入供应链信用体系。区块链"信"平台如图5.2所示。

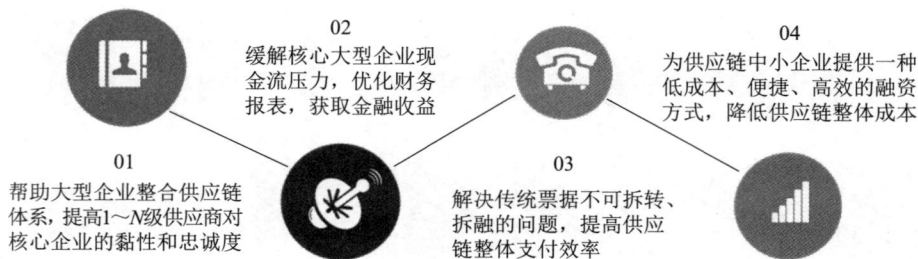

图 5.2 区块链"信"平台概览

区块链"信"平台是基于核心企业的应付账款，向供应商签发电子凭证，供应商可对其进行拆分、转让、融资或持有至到期，解决了供应商应收账款回款难、融资难等问题的金融服务平台。

核心企业通过区块链"信"平台向供应商开具以应付账款为标的电子单据，供应商依据与上级供应商之间的应付账款金额，可将该笔电子单据拆分转让给上级供应商甚至用于多级流转或在平台上融资，从而实现将核心企业信用穿透至多级供应商，通过信用穿透，增强上游中小供应商融资便利性，并且依赖核心企业的信用，降低供应商融资成本，缓解现金流压力。

一、区块链"信"平台市场需求

区块链"信"平台市场需求分为核心企业的需求和中小供应商融资需求。

1. 核心企业的需求

（1）核心企业供应链结款方式存在多样性，需对供应商账款进行统一化管理。

（2）加快现金周转周期，提升核心企业管理效率，维持供应链发展的稳定性。

（3）对供应链进行穿透性管理，降低供应链整体库存成本，降低采购成本，实现供应链整体多赢互惠。

2. 中小供应商融资需求

（1）核心企业在账期方面需要先交货后结算，供应商需要垫付前期供货成本。

（2）核心企业与供应商之间交易量较大，从而导致未结算金额较大，需增强资金流动性，周转紧张很容易出现资金链断裂的风险。

（3）为供应商提供额外的融资渠道，融资风控模式由资产抵押调整为经营现金流抵押。

二、区块链"信"平台产品优势

供应链金融围绕核心企业覆盖其上、下游中小微企业，需要银行、供应链金融服务机构等资金端的支持，以及物流、仓储等企业的参与，还需要企业信息技术服务、金融科技服务。多主体参与的环境中，协同合作的基础是信任与利益分配。区块链作为一种分布式账本，为各参与方提供了平等协作的平台，降低机构间信用协作的风险和成本。这就要求区块链上的信息可追踪且不可篡改，多个机构之间数据实时同步，可实时对账。

区块链在供应链金融的另一个应用场景是应付账款的拆分及流转。传统贸易融资中的商票、银票流转困难且不可拆分，应收账款、预付账款、存货等更是如此。通过在区块链平台上登记，将此类资产数字化使其流转更容易，而且可以进行拆分，方便企业根据自身的需求转让或抵押相关资产以获得现金流支持。具体如图 5.3 所示。

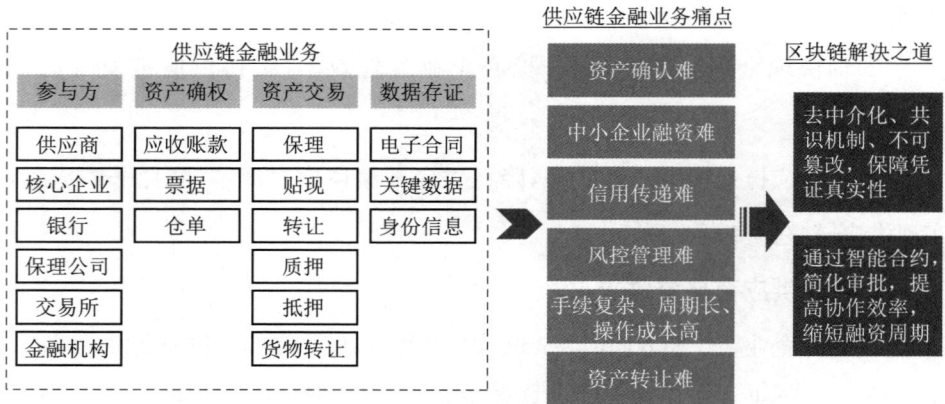

图 5.3 供应链金融"信"平台优势

在互联网技术的推动下，供应链金融已经有了更好的连接、融通和风控手段，使得供应链金融能够帮助供应链链条上的企业实现产业协同优化，在降低成本、提高效率的同时，也增强了对金融风险的管控。基于风险控制的研究，如大数据、人工智能 AI、区块链技术的应用使科技创新技术飞速发展。

　　一方面，科学技术帮助供应链金融的各个参与方及时掌握供应链的运行状态、资金的运行效率以及不同阶段存在的风险；另一方面，科技技术与供应链金融传统的产品思路结合，催生的新产品（诸如基于信息化技术的电子化票据、供应链票据平台和信模式平台等）驱动了供应链金融智慧升级。区块链核心技术理念如图 5.4 所示。

分布式	开放性	自治性	不可篡改	匿名性
■ 分布式核算 ■ 分布式存储 ■ 去中心管理或存储 ■ 节点权利义务均等	■ 交易信息隐私加密处理或摘要化 ■ 其他数据公开 ■ 信息高度透明	■ 遵循协议和规范 ■ 节点自由安全交换数据 ■ 由人为信任转为机器信任 ■ 消除人为干预	■ 事件记录永久保存 ■ 单节点修改无效，除非控制51%以上的节点 ■ 数据稳定、可靠性高	■ 节点数据交换遵循算法 ■ 区块链中程序规则自行判断活动是否有效 ■ 数据交互无须公开身份

图 5.4　区块链核心技术理念

　　供应链金融风险控制的发展可以由区块链技术进一步推动，通过同业间合作，利用区块链的智能合约体系、信用证等，解决了供应链金融信用孤岛、核心企业的信任无法得到有效传递、融资难、融资成本高等诸多痛点，区块链的核心是去中心化分布式记账数据库，其数据具有难以篡改、透明可视化、数据可追溯等技术特点，在风险控制和信用传递方面有创新性突破，区块链技术的特性与供应链金融的特性具有天然的匹配性。供应链金融风险控制致力于将核心企业信用作为公信基础以提高风险体系运作的效率。区块链技术对供应链金融业务的助益存在以下具体表现。

1. 提高企业间互信

　　区块链"不可篡改"的技术优势是建立价值互联网信任关系的核心。由于很多的信息不对称,产生了很多信任危机,用户与用户、用户与企业、企业与企业间的信任成本不断增加。区块链利用共识算法可实时更新记录数据的最新进展,记录每笔数据的哈希值及时间戳,将完整的交易流程呈现给各个参与方,保证了信息的真实、可靠、可追溯。这在一定程度上解决了中小企业无法自证信用水平的问题。

2. 防范履约风险

智能合约是一个区块链上关于合约条款的计算机程序,在满足执行条件时可自动执行。智能合约的加入,确保了贸易行为中交易双方或多方能够如约履行义务,保证了交易顺利可靠进行。智能履约形式不但保证了合约在缺乏第三方监督的环境下可以顺利执行,而且杜绝了人工虚假操作的现象。

3. 解决数据孤岛,建立共享信息平台

在传统的供应链管理中,供应链各节点的生产信息、商品信息和资金信息是相互割裂的,这些信息无法沿供应链顺畅流转,传统供应链管理缺乏围绕核心商品建立的信息平台。区块链技术支持多方参与、信息交换共享,并能促进数据融合、整合破碎数据源,解决"数据孤岛"问题,为基于供应链的大数据分析提供有力保障,让大数据征信与风险控制更准确。

4. 可实现融资降本增效

在传统的供应链融资中,如果没有核心企业的背书,中小企业很难获得银行的优质贷款,融资难、融资成本高现象突出。在区块链技术与供应链金融的结合下,上下游的中小企业可以更高效地证明贸易行为的真实性,并共享核心企业信用,可以在积极响应市场需求的同时满足对融资的需求,从根本上解决了供应链上融资难、融资成本高的问题,同时区块链技术还解决了传统融资模式的弊端,提高了运营速率、降低了运维成本。

5. 全程可视化监控可减小风险把控

在传统的供应链管理中,复杂投融资组合的构建受制于风险把控水平,并

且多层信息的传递和覆盖增加了不透明度，金融机构在产品创新的道路上难以阔步前行。而区块链可视化监控赋予了金融机构足够的信息以便其进行灵活搭配、风险对冲，这样一来，无论是中小企业和供应链金融企业，都能在不同的组合搭配中找到平衡、降低风险，通过安全存储、数据传输技术和去中心化等底层技术保障交易过程的安全性，区块链技术在一定程度上切实解决了供应链金融信用的管理问题。

03 区块链"信"平台实践

联想集团根据自身合作企业的不同融资需求，由联想金服负责搭建联想的区块链平台联信平台，这一创新型供应链金融平台于 2019 年上线。

联信平台是联想金服基于互联网云计算和区块链技术打造的供应链金融服务平台，主要致力于为联想集团等核心企业提供供应链管理工具和新的供应商端企业结算方案，解决联想集团产业链上结算方式单一、票据拆分难、转让难、融资难等问题。平台业务操作逻辑是：核心企业可以开具信用凭证给其上游企业，上游企业接收后即可以继续向二、三级供应商拆转，该信用凭证称为"联信"。

创设一种可流转、可融资、可拆分的标准化确权凭证——联信（电子付款承诺函）
核心企业的应付账款/供应商的应收账款，从被动确权到主动确权

| 可拆分
优质企业信用 | 可融资
反向保理 | 可流转
应收应付清算方式 | 联信
电子付款承诺函 |

图 5.5　联信平台主要特点

"联信"是产业链成员企业向供应商开具的体现交易双方基础合同之间债权债务关系的电子信用凭证，具有高信用、可拆分、可转让、可融资、使用灵活便

捷、风险可控等特点。如图 5.5 所示此产品使核心企业信用成为载体，并可在供应链链条上进行向上延伸使用。在供应链管理和供应链金融的应用过程中，由于市场规模足够大，满足多信任主体、多方协作、中低频交易、商业逻辑完备等特点，是区块链天然的用武之地。区块链作为构造信任的"机器"，将彻底改变商业价值传递的方式。

"联信平台"是联想金服基于互联网云计算和区块链技术打造的供应链金融服务平台，致力于解决联想集团产业链上结算方式单一、票据拆分难、转让难、融资难等问题。

一、平台交易模式

联想集团通过联信平台向供应商开具以应付账款为标的的"联信"，供应商根据与上级供应商之间的应付账款金额，可将该笔联信拆分转让给上级供应商，也可以用于多级流转，或在平台上融资，降低融资成本，缓解现金流压力。具体操作如图 5.6 所示。

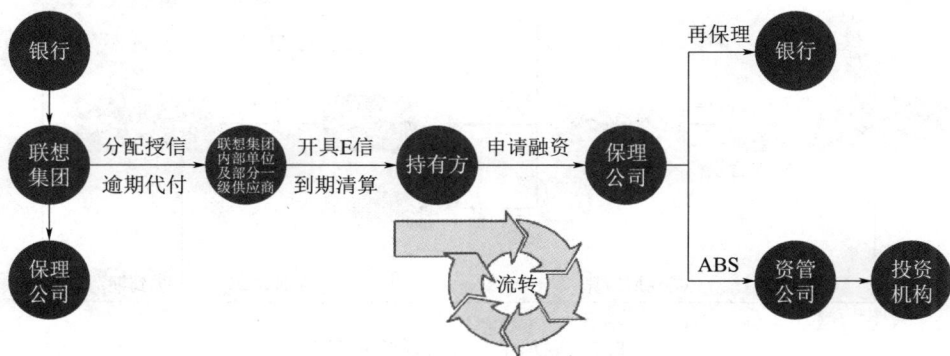

图 5.6 联信平台交易模式示意图

1. 交易结构

联想集团作为核心企业给上游供应商开具电子信用凭证，联想金服对该信用凭证承诺进行无条件兑付。供应商获得电子凭证后，可以选择持有到期，也可以找联想金服进行融资，还可以支付给自己的上游供应商进行结算，同时该电子凭证可以进行拆分支付给不同的上游供应商。上游供应商拿到电子凭证后依然可以采取跟供应商一样的操作。

电子凭证持有者找到联想金服进行融资，联想金服就会形成大量金融资产，这时联信平台还会引进银行、证券公司、资产公司等资金提供方开展再保理、ABS 等业务，解决了联想金服的资金来源问题。由于最终付款方是联想集团，借用联想集团的信用，中小企业很容易获得金融机构的资金支持。

该产品的核心就是核心企业的信用资质、保理公司资金兑付能力和电子凭证具有灵活的可拆分、转让、融资、持有到期等功能。

2. 业务流程

联信平台业务流程如图 5.7 所示。

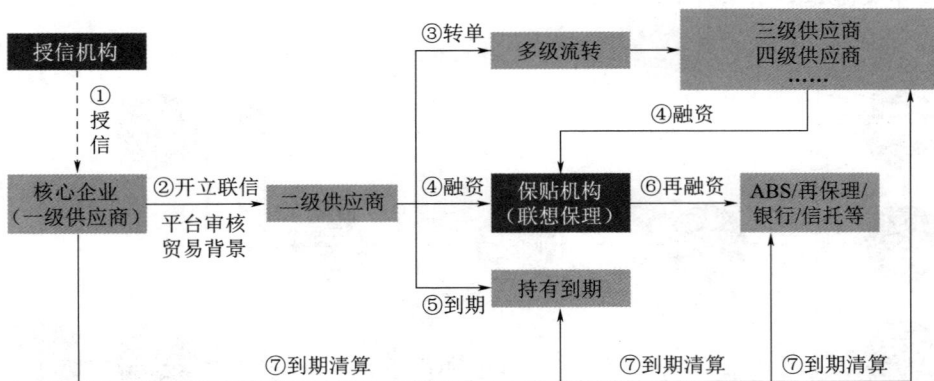

图 5.7　联信平台业务流程示意图

（1）授信：依据核心企业的对账单金额对核心企业进行授信额度评估，由风控部门对核心企业进行授信。

（2）联信开单：核心企业可基于与供应商之间的应付账款，通过在联信平台上传对账单、贸易背景资料等信息，提交开立联信凭证申请，经过平台审批，由供应商签收后就完成了联信凭证的开立。

（3）转单：基于供应商之间的应付账款，供应商可以通过在联信平台提交贸易背景资料，申请将"联信"进行拆分或全部债权转让的方式转让给上级供应商，且在联信平台内，"联信"票据可以不断拆分和多级流转。

（4）融资：各级供应商均可基于手中的联信票据，通过在平台提交交易背景资料（发票、交易合同等），依据联信票据向联想金服申请全部或部分融资，该申请需要经过联信平台多道审核，审核完成后通过联信平台自动放款到申请企业的平台业务账户，由申请企业提现到完成融资。

（5）持有到期：各级供应商还可以将持有的联信票据持有至到期，待核心企业应付账款到期后，由核心企业还款户直接清分至各级供应商，由供应商提现至平台业务账户。

（6）再融资：联想金服将持有的联信票据通过再保理转让给银行、其他保理公司等资金机构，待核心企业应付账款到期后，直接清分至资金机构平台业务户。

（7）清分：清分是待联信票据到期时，由核心企业将应付账款转至平台还款账户，待扎账后自动进行清算至各级供应商、联想金服、资金机构，由联信持有者按照信息自行转入业务账户，完成清分。

二、"联信"客户实例

深圳某企业（简称 A 企业）是与联想集团紧密合作的一家供应商，主要经营电脑屏幕配件。

2020 年 6 月 17 日，A 企业注册为联信平台供应商，6 月 18 日 A 企业便收到核心企业开具的电子凭证 380 万元。A 企业当日将 180 万元转给其上游供应商企业清偿了债务,同时将剩下 200 万元债权凭证向联想金服申请了融资,三个小时左右拿到了融资款。

从效率和效益来看,该服务模式很好地体现了核心企业与上游供应商共赢发展的优势,不仅大大提高了付款效率,也缩短了用款企业的融资申请时间。

联信业务开展所需文件材料信息清单见表 5.1。

表 5.1　联信业务文件材料信息清单

操作环节	所需文件材料	所需资料信息
企业注册环节		1. 企业全称 2. 注册手机号码
实名认证环节	1. 加盖公章的营业执照复印件 2. 加盖企业公章的法人授权委托书 3. 加盖企业公章和骑缝章的电子签名认证证书和授权委托书 4. 加盖企业公章和骑缝章的用户注册与服务协议	1. 统一社会信用代码 2. 银行账户和开户账号 3. 企业注册地址 4. 固定电话 5. 企业邮箱 6. 法人代表和管理员的身份证号码 7. 管理员邮箱
核心企业开单签收环节		复核人手机号码接收的验证码
债权转让制单环节	交易背景资料压缩包:发票、合同等资料	接收方企业名称
债权转让复核环节		复核人手机号码接收的验证码
融资制单环节	1. 交易背景资料压缩包:发票、合同等资料 2. 发票扫描件、合同扫描件以及其他资料	
融资复核环节		复核人手机号码接收的验证码
提现环节		经办—复核后提现到绑定的企业实体银行账户

1. 联信开单业务优势

(1)期限灵活:融资期限灵活,期限不超过原始合同有效期,解决供应商现金流短缺的问题。

（2）服务费低：融资金额灵活，准入门槛低于外部金融机构，按日计息，可灵活选择放款日。

（3）任意选：持有联信可融资、可转让、可持有到期，操作简单。

2. 技术优势

（1）线上验真：交易背景资料和发票信息进行 OCR 识别及发票验真，保障交易安全性。

（2）线上签章：支持企业在线认证和线上签章，提高企业认证和合同签约的便捷性。

（3）大数据风控：利用资信评估和风险分析，降低信息不对称风险。

04　平台价值

一、为产业链上的中小企业优化融资服务

"联信"为联想产业链上广大企业提供全新的结算方式,具有高信用、可拆分、可转让、可融资、使用灵活便捷、风险可控等特点。"联信"支持供应商融资或持有到期,为中小企业提供高效便捷的融资新渠道。

联信平台是全国领先的供应链金融服务创新平台,平台以核心客户为依托,以真实贸易背景为前提,运用自偿性贸易融资,通过应收账款转让等方式为供应链上下游企业提供综合性金融产品和服务。

二、支持供应链金融机构不断提高风控能力

供应链金融的本质是信用融资,在产业链条中保证信用尤为重要。我们通过产业内外经营数据和贸易数据检验核心企业的信用并监管融资群体的应收账款信息,通过互联网不同渠道的数据整理和大数据分析进一步做好风险控制。

在联信平台中植入区块链技术,通过分布式账本记录联想集团、供应商、上

游供应商、上上游供应商之间的每个交易环节（包括物流、资金流、信息流等），从而避免了单一记账人被控制或其他情况导致记账不真实的可能性。通过智能合约技术保证了信息的真实性，银行、券商等金融机构就不用再实地检验贸易的真实性，直接在平台上完成对保理公司融资授信。

三、核心企业增加商业信用并为供应链增效

核心企业帮助联想集团推广商业信用，提高各级供应商对联想的依存度和忠诚度。联想集团的信用以前只在资本市场和信贷市场中体现，通过核心企业推广，让联想集团的信用在贸易流通中得到认可，在一定程度上增强了联想集团的商业信用。

基于核心企业增信作用，核心企业向金融机构整体议价，降低了供应商融资成本，同时为供应商提供了快速融资渠道，保证供应链参与者稳健运营，提升供应链效率、增强竞争力。

05 平台架构

　　"联信"平台架构主要分为五大层和三大支持，五个层级具体如图 5.8 所示。

| 客户层： | 核心企业 | 关联公司 | 供应商 | 金融机构 |

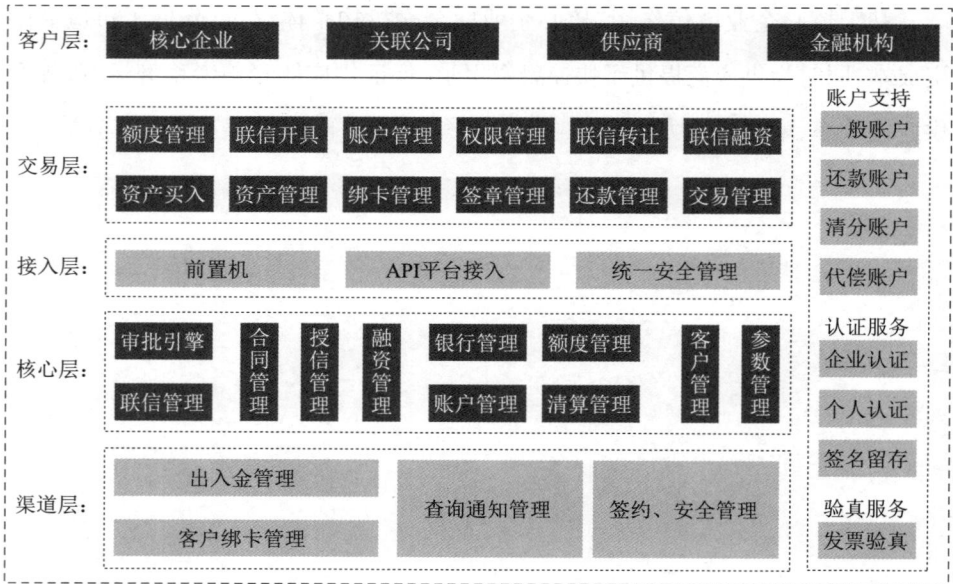

图 5.8　联信平台五大层架构

　　第一层是客户层，包括核心企业、核心企业的关联公司、供应商和金融机构。

核心企业拿到的授信是开具电子凭证的依据和控制要素。核心企业具有实际的业务贸易需求（比如采购需求、赊销需求等），且拥有授信额度即可开具电子凭证，同时核心企业有义务为开具电子凭证的集团类企业提供到期还款服务；平台的风控策略会要求核心企业用应收账款质押或者担保的形式保证到期付款。

一级供应商根据生产过程中产生的应付需求，以电子凭证作为支付方式，也可以向自己的二级供应商开具电子凭证；供应商收到电子凭证后，可以根据需要将电子凭证支付、拆分、流转，进行不同的选择：

（1）可以持有到期直至还款日；

（2）可以作为货款结算给上游企业；

（3）利用持有的电子凭证向平台保理公司发起保理融资。

联信平台融资申请流程非常简单，只需保理公司检查应收账款是否符合买入标准，然后与供应商线上签订保理融资协议，买入应收账款，基本就可以实现T＋1放款到供应商的线上收款账户。

第二层至第五层主要是平台的建设架构，包括交易层、接入层、核心层、渠道层四个层级。

06 积极作用

区块链"信"平台,着力打造以客户为中心的供应链金融平台,在改善中小企业融资困难和融资昂贵的同时,促进产融结合,满足供应链企业融资、发展和转型的迫切需求,促进供应链企业更好、更快发展。

总结下来,区块链"信"平台模式的金融科技创新对传统的供应链金融业务产生了积极作用。

(1)服务实体和中小微企业,提升融资效率。供应商等角色的企业因获得核心企业的增信,企业融资变得容易、高效,这种模式为破解中小企业融资难、融资慢提供了新思路。

(2)提升融资信贷可得性和融资覆盖面。区块链"信"平台模式其本质是核心企业信用加支付的产品模式,这种模式解决的正是供应链金融探讨的根本问题,供应链上的企业核心问题是支付结算问题,由此而产生赊销白条等结算方式,最终发展为今天的供应链金融,区块链"信"平台模式的产生动因来自供应链金融本身。区块链"信"平台模式将核心企业的信用在全链条进行穿透,有效服务供应商融资业务,使融资服务由点到面,信贷可得性和融资覆盖面明显提升。

(3)区块链"信"平台模式相对降低了传统模式中可能出现的风险。在其运行的互联网平台能够实时实现信息验真、验证,信息清晰且可视,这样供应链企业之间的贸易背景信息及融资需求信息（授信额度和入库流转等数据）都能够在区块链"信"平台清晰展示，使平台供应链金融机构可以更好地对需要融资的中小企业进行监督和管理，加之核心企业信用的强大背书，很大程度上降低了供应链金融风险。

　　未来区块链"信"平台优化方向主要是衍生出更好的存证、签章以及记录方式，完善区块链技术应用手段，解决与链式非信任关系，实现核心企业信用安全跨级流转，加速产业链整体的资金流动率，为建设智慧、共享、高效、安全的供应链金融环境以及服务核心企业供应链业务发展提供保障。

第六章

供应链金融信用风险共担：
贸易信用保险

贸易信用保险常用来保障企业应收账款安全，与基于贸易融资的供应链金融天然契合，为更好发挥信用保险在供应链金融中风险共担作用，实现供应链金融信保模式多方共赢，供应链金融企业引入信保模式之前务必了解保险基本概念包括信用保险分类、保险原则、保险合同要素。作为善用信用保险的先行者，提炼多年实操经验总结了供应链企业参与投保指引，对于信保模式选择、投保流程、保险主要条款及除外责任尤其是信保模式注意事项在文中做了详细阐述，鼓励供应链金融机构加大内外贸信保模式、信贷支持和政策性保险保障力度。

01　供应链金融风险与信用保险

一、信用风险处置方法分类

风险管理是通过对风险进行识别、衡量和控制并以最小的成本使风险所致损失达到最低程度的管理方法。风险管理的方法可分为风险控制和风险处置。本书前几章我们介绍的都是风险控制，是损失发生前采取预防和回避等措施来消除隐患、降低风险损失的方法，本节将详细介绍风险处治。

风险处置是减少不确定损失对组织的影响，可分为风险自留和风险转移。风险自留是经济单位根据自身的经济状况确定承担风险事故的方法，风险自留一般是通过风险拨备分摊风险暴露所带来的经济损失。风险转移是经济单位将自身的风险转移给受让者，包括非保险转移和保险转移，通过这种方式将风险共担或者转嫁，由外部机构承担风险暴露可能导致的经济负担。供应链金融风险处置方法分类如图 6.1 所示。

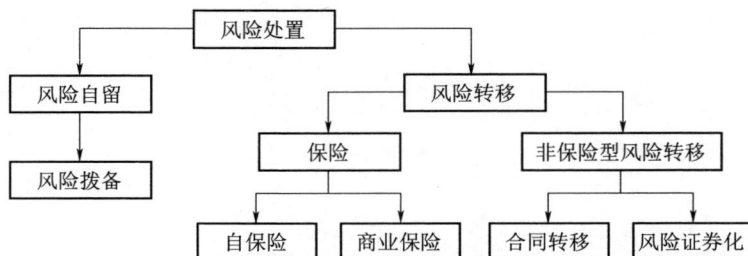

图 6.1　供应链金融风险处置方法分类

二、信用保险是天然匹配工具

保险是风险转移的方法之一,信用保险保障的是基础贸易项下的应收账款,天然和供应链金融保理业务契合,是供应链金融的保障工具。需要注意的是,供应链金融合理利用保险工具转嫁风险,防范的是行业性系统风险,规避垂直行业的长尾风险。

三、信保模式促进中小企业融资

中小企业获取融资的途径受到多项因素制约,包括经营具有不确定性和高风险性、产品往往缺乏竞争力、规模较小信用资源相对缺乏、外部融资环境对中小企业支持力度不足等。供应链金融为供应链上下游中小企业提供金融服务,信用保证保险在供应链金融业务中为中小企业融资增信,也为金融机构通过风险分散及风险转移实现风险分担,因此信用保证保险有效联动金融机构缓解了中小企业的融资压力。

02　信用保险详述

一、信用保证保险的基本内容

信用保证保险在《中华人民共和国保险法》中归为财险保险，信用保证保险是以保证人的身份为信用关系的一方（被保证人）向信用关系的另一方（权利人）提供信用担保，对由于被保证人未履行义务或有其他行为而导致权利人的经济受到损失，保证人负责赔偿。

信用保证保险有信用保险和保证保险两种形式，两者都以信用风险为承保标的，但存在明显差异。通常将权利人投保义务人信用的保险业务叫信用保险；将义务人投保自己信用的保险业务叫保证保险。两者的区别具体如下：

（1）信用保险投保人一般是权利人，而保证保险的投保人一般是义务人；

（2）信用保险合同是利己合同，保证保险合同属于利他合同；

（3）信用保险的保险人一般在赔付之后，通过向义务人追偿来减少自己的损失，保证保险的保险人可以在义务人投保时，要求担保方提供反向担保，发生赔付后，运用反向担保条件来减少自己的损失；

（4）保证保险部分险种承保条件非常严格，合同将承保风险限定于客观信用风险，而信用保险普遍承保义务人故意违约的风险；

（5）实务中，信用保险合同中通常约定有专门的"保密条款"，保证保险合同一般没有类似条款。

保证保险是保险人接受被保证人的请求来担保其信用,如果由于被保证人的原因给权利人造成损失,在被保证人不能赔偿权利人经济损失的前提下,由保险人代为履行赔偿责任;信用保险是保险人根据权利人的要求来担保被保证人的信用,当被保证人行为导致权利人的经济受到损失时,保险人按照合同的规定赔偿权利人的损失。下面主要讲述信用保险。

二、信用保险的分类

信用保险分为一般商业信用保险、投资保险和出口信用保险三类险种。

1. 一般商业信用保险

一般商业信用保险是承保权利人(商业活动的一方当事人)因被保证人(另一方当事人)不履行商业信用而使权利人遭受商业利益损失的信用保险。一般商业信用保险的保险标的是被保证人的商业信用,由权利人投保。一般商业信用保险分为赊销信用保险、贷款信用保险和个人贷款信用保险等。

2. 投资保险

投资保险是承保去国外投资的本国投资者,因东道国的政治因素或政府法令变动所引起的投资损失的信用保险。本国的投资者是投保人,也是权利人,要求保险人保障的是他们在国外的投资利益。

3. 出口信用保险

出口信用保险是承保出口商在经营出口业务的过程中,因进口商的商业风险或进口国的政治风险而遭受损失的信用风险。由于出口信用风险较大,所以出口信用保险通常作为政策性保险,由政府机构或受托保险机构经营,并由国家专门立法调整。

三、信用保险的原则

信用保险作为保险的一个险种，是为了维护保险双方的正当权益，真正发挥信用保险的功能，应遵循保险的基本原则。同时，信用保险还要符合信用保险业务的自身特点。

1. 保险利益原则

保险利益是指投保人对保险标的具有法律上承认的利益。它体现了投保人或被保险人与保险标的之间存在的利益关系，是投保人或被保险人可以向保险人投保的利益，是保险人提供保险保障的最大额度。衡量投保人或被保险人对保险标的是否具有保险利益，就是看投保人或被保险人是否因保险标的的损害或丧失而遭受经济上的损失。

根据保险利益原则，投保人在与保险人签订保险合同时，必须对保险标的具有利益。保险人在承保时，应认定投保人对投保标的具有保险利益；双方约定的保险金额不得超过该保险利益的额度；在进行赔付时，保险人应先认定索赔者对保险标的是否具有保险利益，再确定不超过该保险利益的赔付额度。

信用保险中的保险利益原则是指被保险人（出口或国内贸易业务的债权人）投保信用保险时，对保险标的必须具有可保利益；保险人（信用保险机构）支付赔款时，被保险人对保险标的也必须具有可保利益。可构成信用保险的保险利益的条件是：

（1）符合国家利益。信用保险不同于一般的商业保险，它是国家支持的政策性保险，政府财政资金的注入是该险种的最大特点。因此，信用保险机构承保的被保险人的经济利益必须符合国家的利益。

（2）是可以实现的经济利益。信用保险机构承保的债权人的经济利益是可以实现的经济利益。它包括：企业提供商品或服务后，可以收回货款，不能收回货款事件的发生是不确定的;企业收回贷款的金额是可以实现的,承保收回的金额应等于或小于商品贸易合同金额。

(3)是贸易过程中发生的。由于债务人或有关各方不履约造成的投保人不能实现的经济利益。

2. 最大诚信原则

诚实守信是最基本的原则之一。诚信是指诚实可靠、坚守信誉,一方当事人对另一方当事人不得隐瞒和欺骗,同时,任何方当事人都应善意、全面地履行自己的义务。鉴于保险经营的特殊性,在保险合同关系中,对当事人的要求比一般的民事活动更为严格,要求当事人具有最大诚信。所谓最大诚信,是指当事人要向对方充分而准确地告知有关保险的所有重要事实,不允许存在任何的虚伪欺骗和隐瞒行为。《中华人民共和国保险法》总则第五条规定:"保险活动当事人行使权利、履行义务应当遵循诚实信用原则。"

保险当事人双方签订信用保险合同就是建立在最大诚信的基础之上,主要表现在:当事人订立保险合同及在合同有效期内,应依法向对方说明会影响对方是否缔约及缔约条件的全部实质性重要事实;同时,绝对信守合同订立的约定与承诺,否则,受害方可以要求对方对其所受损害予以赔偿。最大诚信原则是签订和履行保险合同必须遵守的一项基本原则,坚持该原则是为了确保信用保险合同的公平,维护合同双方当事人的利益。

信用保险承保的是债务人的信用风险,保险人与被保险人由于地位、职责及任务的不同,在对债务人信用的掌握上可能有所不同,保险人对债务人全面资信的静态掌握要优于被保险人,但对债务人未来以及承保标的下信用发展的动态了解要差于被保险人。只有遵循最大诚信原则,彼此相互及时告知,交换债务人的资信信息,才能准确地评估、控制和预测风险,使各自的经济利益均得到充分保障。因此,最大诚信原则应贯彻信用保险经营的全过程。展业、承保、限额申请与审批、理赔、追偿各环节,保险人与被保险人都要诚实、讲信用,都要不折不扣地履行信用保险项下所规定的各自的责任和义务，以此获取相应的权利。信用保险项下的任何欺诈、骗赔和不合保单规定的少赔、拒赔，均将引起追索、仲裁或诉讼。

3. 近因原则

近因是指引起保险标的损失的重要因素，它直接导致保险标的的损失，是促使损失结果发生的最有效的或起决定作用的原因。近因原则判断保险事故与保险标的损失之间的因果关系，是确定保险赔偿责任的一项基本原则。

近因原则的基本含义：若引起保险事故发生、造成保险标的的损失的近因属于保险责任，则保险人承担赔偿责任；若近因属于除外责任，则保险人不负赔偿责任。只有当承保危险是损失发生的近因时，保险人才负有赔偿责任；若造成保险标的的受损的近因兼有保险责任和除外责任，则分别处理。

4. 损失补偿原则

经济补偿是保险的基本职能，也是保险产生和发展的最初目的和最终目标，因此损失补偿原则是保险的重要原则。该原则是指当保险标的发生保险责任范围内的损失时，被保险人有权按照合同的约定获得保险赔偿，以弥补损失，但被保险人不能因此获得额外收益。信用保险项下补偿原则的实现方式通常是现金赔付。

由损失补偿原则可派生出代位求偿原则和重复保险的损失分摊原则。代位求偿原则是指因第三者对保险标的的损害而造成保险事故的，保险人自向被保险人赔偿保险金之日起，自动取代被保险人的地位行使被保险人对第三者请求赔偿的权利。重复保险的损失分摊原则是指在重复保险的情况下，当保险事故发生时，通过采取适当的分摊方法，在各保险人之间分摊赔偿责任，使被保险人既能得到充分补偿，又不会超过其实际损失而获得额外利益。

5. 风险分担原则

风险分担原则指保险机构对投保人投保的信用风险项下的债权实行比例承

保。风险分担原则的意义在于通过比例承保有助于被保险人和保险人密切合作，共同控制风险、减少损失。在风险分担原则下，保险机构承保出口信用政治风险保险的最高比例为95％，最低为85％；商业风险保险的最高比例为90％最低为50％。被保险人承担风险的比例越大，就会越关注债务人的政治风险和商业风险。风险分担把保险人和被保险人的经济利益紧紧连在了一起。科学预测风险，积极控制风险，最大限度减少风险造成的损失，成为双方共同的愿望。

6. 保险费原则

保险费原则是指信用保险经营厘定费率所依据的标准。在信用保险中，保险费是对保险人承诺分担风险的经济补偿。出口信用保险的费率在信用保险学中分为基础费率和附加费率。决定基础费率的因素是：信用期限、国家风险类别、付款方式。附加费率的多少取决于商品性质、被保险人的经营历史和风险管理经验、信用限额的大小和买家的资信状况等。被保险人所需交纳的保费是在基础费率的基础上考虑附加因素后所确定的费率。

7. 买方信用限额申请原则

买方信用限额申请原则是短期信用保险经营的特有原则。它是指被保险人应事先向信用保险机构申请买方信用限额，买方信用限额具有以下性质：买方信用限额是保险人向被保险人支付赔款的最高限额；买方信用限额一般可循环使用，即该信用限额不受交易时间、商品性质的限制，除非保险人书面通知被保险人更改或终止此信用保险。除买方信用限额外，保险人一般还给予被保险人自行掌握的信用限额，被保险人自行掌握的信用限额通过保险合同约定，在操作中由被保险人自行按事先约定的风险控制程序和金额确定交易，其风险自动为保险人承保。

8. 赔款等待期原则

赔款等待期原则是信用保险定损核赔所遵循的主要原则之一，它是在被保险人提出索赔申请并按照保险条款的规定提交有关证明损失已发生的文件后，保险人要等待约定时间届满后支付赔款。信用保险实行赔款等待期的意义是：承保标的风险已经发生，但被保险人的债权仍有收回的可能性；有助于被保险人在保险人的帮助下追讨债务人的欠款，减小损失；有的国家法律对拖欠违约有不同的释义。各国信用保险机构对赔款等待期的规定不同，一般为 4~6 个月。信用保险中能立即定损核赔的风险，如买家破产等则不受等待期约束，因为在此类情况下的任何延误，均会增大保险人和被保险人的损失。

9. 债权不放弃原则

保险赔偿的前提条件是被保险人获取赔偿的同时，不得放弃应收账款的债权，而且被保险人在获得赔偿后需将应收账款的权利转让给保险人。

四、信用保险的发展趋势

依据保险年鉴的数据显示，我国信用保证保险保费收入整体呈稳步上升的发展趋势，其中保证险保费收入自 2016 年后呈快速增长趋势，2016 年我国金融普惠的需求驱动了融资性信用保证保险的飞速成长。如图 6.2 所示。

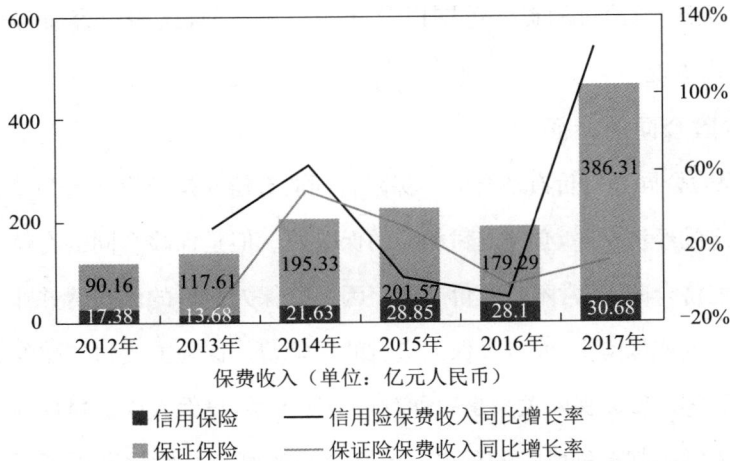

图 6.2　2012—2017 年全国信用保证保险保费收入情况

五、信用保险保单合同

1. 保险合同的概念

《中华人民共和国保险法》第十条规定："保险合同是投保人与保险人约定保险权利义务关系的协议。"保险合同是保险关系双方为实现经济保障目的、明确相互之间权利义务而订立的一种具有法律约束力的协议。一方承诺支付保险费,另一方承诺在约定保险事件发生时,支付赔偿金或保险金。保险合同作为保险关系确立的正式文本和书面凭证,体现了合同双方的意愿和平等互利的关系。

2. 保险合同的内容

钟明在《保险学》中认为,保险合同的内容是对保险合同当事人双方具有权利义务的规定,也就是保险人与投保人或者被保险人之间达成的有关保险标的及其利益予以保障事项的条款。合同的内容是双方履行合同义务和承担法律责任的依据,也是决定合同合法性和有效性的依据。

保险合同需要有保险人和被保险人的名称、保险标的、保险金额、保险费、保险期限、赔偿或给付的责任范围以及其他规定事项,这些内容通常是以保险条款的形式体现。

3. 保险合同的特征

(1)保险合同是对价有偿合同。保险合同的有偿性是指投保人为了获得保险合同中约定的经济保障,必须支付相应的保险费。但是保险合同的有偿性又不同于一般的经济合同,通常不是等价交换。因为投保人交付的保险费并非一定能换取支付赔偿金或保险金,而且投保人交付的保险费与保险人支付的赔偿金或保险金也并非相等。所以保险关系是一种对价交换关系,投保人以支付保险费为对价换取保险人承担其转移风险的承诺。保险合同的对价有偿性说明了保险合同是双务合同,投保人有交付保险费的义务,保险人有承担保险风险的义务。

（2）保险合同是射幸合同。保险合同射幸性是指保险人履行保险赔偿或给付义务是以约定的保险事件发生为前提条件的。事实上，投保人交付保险费的义务是确定的，而保险人履行保险赔偿或给付义务是不确定的，并且投保人有以小额的保险费获得相对大额保险金的可能性。这种以偶然事件的发生作为合同当事人履约条件的合同是碰运气的合同，也称射幸合同。保险合同的射幸性就符合这一特征。

（3）保险合同是诚信合同。保险合同的诚信原则是指保险合同比其他经济合同要求诚实和信用的程度更高。保险合同的权利义务完全建立在诚实信用的基础上，任何方的不诚实行为都会影响保险合同的效力。保险合同的最大诚信要求主要基于两方面的原因：一方面，保险人在对保险标的做出是否承保和以什么条件承保的决定时，很难全面掌握每个投标标的的具体情况，主要是依据投保人对保险标的的陈述和申报来决定。因此，投保人必须如实申报保险标的的危险状况，不能隐瞒重要事实，更不能以欺骗的手段诱使保险人签订合同，否则就会影响合同订立的公平性和有效性。特别是保险合同的射幸性，要求投保人应该谨慎妥善地管理保险标的，不能因为投保了保险而任由保险事故发生，更不能为获利而故意制造保险事故，这样会严重损害保险人的利益。另一方面，投保人支付保险费所换取的是保险人的承诺，这种对被保险人进行赔偿或给付的承诺不是即期的，有的保险期限长达几十年，完全依赖于保险人的信用。同时，保险合同条款的专业性很强，许多专业术语和保险条件可能不为投保人所了解，这种情况引起投保人的误解和歧义。因此，保险人的诚实和信用相当重要，必须向投保人如实告知合同保障的范围和条件，不能有欺骗行为，并忠实履行合同义务。

（4）保险合同是属人的合同。保险合同的属人性体现在以财产及其利益为保险标的的合同中。虽然财产保险合同的保险标的是财产，表面上保险人承保的是财产，而实际上保险人承保的是投保人对财产所具有的经济利益。如果保险财产发生损失,投保人或被保险人遭受经济损失,保险人则按保险条件给予补偿。所以,财产保险合同是对人的合同,与投保人的保险利益有关,同时也与投保人的信誉、品德和行为密切相关,因为投保人的行为会影响保险标的发生损失的可能性和严重性。也鉴于此,财产保险合同的投保人必须得到保险人的认可,必须符合有关品质、道德和信用的承保标准。在以人的寿命或身体为保险标的的合同中,由于保险标的就是被保险人,所以不具有这一特性。

(5)保险合同是附合合同。保险合同的附合性是指保险合同的内容通常是由保险人事先拟定的,投保人只能接受或拒绝,没有太多的协商余地去改变合同的条款内容。保险合同的附合性是由保险合同的特点决定的,只有使用格式化的条款,才能将同类风险集合起来,科学合理地厘定保险费率,所以保险合同也通常被称为格式合同。

03　供应链金融信保模式

供应链金融信保模式是指保险公司承保出口/国内信用保险的贸易，凭卖方提供的商业单据、投保信用保险的有关凭证、赔款转让协议等，向卖方/买方提供的资金融通业务，业务适用于以赊销为付款方式的货物、服务贸易及其他产生应收账款的交易。

一、供应链金融信保模式优势

供应链金融信保模式使多方共赢。

1. 供应链金融机构

供应链金融信保模式实现风险分散，降低由下游买家的破产、拒收、拖欠等商业风险造成的损失，通过增加信用的增信手段，带动金融业务增长。为信用销售中产生的应收账款提供风险保障的保险公司，还可以提供协助追偿等服务。

2. 中小企业买家

融资过程中，在融资主体的审核状况达不到供应链融资条件时，通过信保增信，供应链金融机构也会受理融资企业的相关申请，提高融资便利。中小企业不需要提供任何担保和抵押就可获得赊销项下的贸易融资，提高了市场竞争力，也可以根据自身的现金流状况提交融资申请，流程十分灵活。

3. 核心企业

供应链金融信保模式通过金融工具提升产业链效率,解决了核心企业现金流问题,有效降低企业的财务成本,同时降低了产业核心企业端的买家信用,不占用核心企业信用额度。

4. 保险公司

供应链金融信保模式延伸和拓展信保的服务范围和功能,使得核心企业积极投保,促进险业务规模的增长。保险公司加深和供应链金融机构的深度合作,拓展新的贸易伙伴和创造新的市场机会。

二、供应链金融机构如何投保

(一)供应链金融与信用保险的合作模式

供应链金融与信用保险的合作模式有以下三种:

(1)赔款受益权转让模式。核心企业与中小企业交易过程中,核心企业作为买家在保险公司投保并且转让赔款权益给供应链金融机构,供应链金融机构向其提供融资服务,并成为转让范围内的保险单下的赔款权受益人,中小企业一旦发生破产或者拖欠账款的情况,保险公司就会赔付供应链金融机构。

(2)应收账款转让模式。核心企业将保险单下形成的应收账款买断转让给供应链金融机构,供应链金融机构向其提供融资服务,当发生保险职责范围内的损失时,保险公司将赔款支付给供应链金融机构。应收账款转让模式与赔款转让模式在操作细节上有两点差异:①应收账款转让模式适合买断型无追保理,赔款转让模式可以为有追保理也可以为无追保理,不限制保理追索权。②应收账款转让模式适合保单项下应收的全部发票均用于保理融资,赔款转让模式支持部分应收账款融资。

（3）供应链金融机构投保信用保险模式。供应链金融机构作为投保人和被保险人，将其持有的债权直接向保险公司投保，获得保险公司信用风险保障的信用风险产品。在发生保险责任范围内的损失时，保险公司将根据保单约定，向供应链金融机构承担相应的赔偿责任。供应链金融机构直接投保模式目前适用于银行保理业务，对于类金融保理公司及再融资租赁公司仅适用于出口信用保险和进口信用保险两类，在后文的信用保证保险监管内容中会详细介绍。

（二）供应链金融贸易信用险操作流程

供应链金融贸易信用险投保流程如图 6.3 所示。

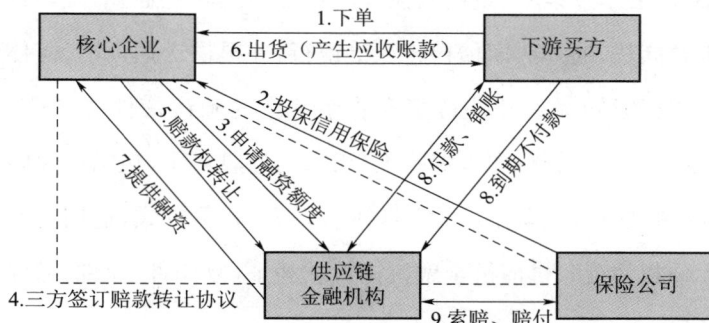

图 6.3 供应链金融贸易信用险投保流程

赔款受益权转让是最常见的供应链金融企业保险类风险转嫁方式，我们以此模式为例介绍操作流程：

（1）核心企业提供投保资料。投保资料包括但不限于：投保单、买家明细表、买家账龄表、投保企业近一年审计过的财务报表等。

（2）保险人核定信用额度、拟定保险条款以及签订保险合同。提高信用额度批复一般需要如下三步：

①提供必备资料：包括提交完整的投保资料及完备的买家基本信息；

②合理申请额度：根据历史交易并预估未来业务量，申请合理的信用额度；

③补充资料：尽可能提交交易记录、付款状况和买家审计后的财务报表；

（3）签订赔款转让合同。保险人同供应链金融机构和投保人签订三方协议，将赔偿受益权转让给供应链金融机构。

（4）基于保险增信，供应链金融机构提供融资服务。信用保险增强供应链金融机构对企业财务状况稳定性的信心，下游客户获得更好的融资条件。

（5）若买方企业逾期欠款或破产，将进入理赔环节。

常规的理赔资料有：介入通知书（原件）、商业发票（原件）、贸易双方签章的对账单（原件）、买家签章的收货单/送货单（原件）、销售合同、订单（原件）、催收函（原件）、债权转让证明的融资协议（复印件/原件，含被保险人将债权转让给银行的明细，需显示发票号、金额）、债权转让证明之转让通知（复印件/原件，被保险人根据合同法，通知买家债权转让给银行，并提供送达证明，需体现具体发票号、金额；银行通知买家并获得买家签字盖章的确认信件，需体现具体发票号、金额）、催收记录——银行向被保险人、买家的催收记录（包括被保险人向买家的催收记录，并提供被保险人/买家具体联系人、联系方式，适用于有追索权保理及银行无债权情况）、供应链金融机构放款凭证（复印件/原件，需体现对应的发票号、金额）。

（三）信用保险的除外责任及主要条款

信用保险的除外责任包括：

（1）与关联企业的交易；

（2）虚假贸易；

（3）与公共买家的交易；

（4）超过批复的信用额度的损失；

（5）已拒绝或取消信用额度后仍交付货物或提供服务导致的损失；

（6）已经或应该发出某买家的负面信息或逾期账款通知的，仍对其交付货物或提供服务导致的损失。

信用保险的主要条款见表6.1。

表 6.1 信用保险的主要条款

<table>
<tr><td rowspan="7">投保主体</td><td>保险人</td><td>保险人是指与投保人订立保险合同,并按照合同约定承担赔偿或给付保险金责任的保险公司。保险人又称承保人,通常是指经营各种保险的组织</td></tr>
<tr><td>投保人</td><td>投保人是指与保险人订立合同,并按照保险合同负有支付保险费义务的人
信用保险投保人一般为债权人,可以是交易卖方或金融机构</td></tr>
<tr><td>被保险人</td><td>被保险人是指其财产或者人身受保险合同保障,享有保险金请求权的人
信用保险被保险人一般为交易卖方</td></tr>
<tr><td>受益人</td><td>受益人是指人身保险合同中,由被保险人或者投保人指定的享有保险金请求权的人</td></tr>
<tr><td>保险代理人</td><td>保险代理人是指根据保险人的委托,向保险人收取佣金,并在保险人授权的范围内代为办理保险业务的机构或者个人</td></tr>
<tr><td>保险经纪人</td><td>保险经纪人是基于投保人的利益,为投保人与保险人订立保险合同提供中介服务,并依法收取佣金的单位
信用保险由于事务性工作频繁,无论保险公司还是投保方相对比较依赖保险经纪人</td></tr>
<tr><td>保险公估人</td><td>保险公估人是指接受保险合同当事人的委托,专门从事保险标的评估、勘察、鉴定、估损、理算等业务的单位</td></tr>
<tr><td rowspan="2">保险重要条款</td><td>承保比例</td><td>由于被保险人是贸易的实际参与方,相对于信用保险机构可更全面直接地获悉买方信息,并采取相应的风险控制措施以减少可能损失。因此在被保险人向出口信用机构投保之后,为了保障被保险人谨慎合理地安排出运、保持对应收账款安全性的关注度,出口信用机构一般通过设置承保比例/赔偿比例的方式与被保险人共担风险。信用机构一般设置 80%～95% 的承保比例/赔偿比例,个别险种与业务项下承保比例/赔偿比例可达 100%。考虑到拒收可能存在的道德风险高于破产、拖欠等商业风险以及其他风险,部分机构对于拒收风险一般设置相对较低的承保比例/赔偿比例。传统上,多数出口信用保险机构对于政治风险都采用较高的赔偿比例。主要因为政治风险通常是由政府支持或者国家经营的保险人承保,出口商对于政治风险的控制力较弱。降低赔偿比例是一个重要的方法,可以用于实现特定市场或买方项下风险和保险责任的平衡。对于部分高风险业务,信用保险机构可通过调低承保比例/赔偿比例、增大被保险人自留风险比例的方式与被保险人共担风险以实现承保</td></tr>
<tr><td>承保金额</td><td>承保金额是保险人承担保险责任的金额,是计算保险费的依据,应等于或小于可保利益的价值</td></tr>
</table>

保险重要条款	最高赔偿限额	最高赔偿限额是保险人在保单有效期内可能承担赔偿责任的累计最高赔偿额 最高赔偿限额的作用:保险人通过控制单个保单的年度赔偿上限,避免被保险人投保业务全部或多数出现损失时,保险人发生系统性风险而产生巨额赔付 最高赔偿限额的约定方式:一般采用一个固定金额来表示。出口信用保险项下,保险人通常在保单中以一个确定的金额或者以保费若干倍的形式约定保单最高赔偿限额,最高赔偿限额能够起到分担风险的作用,在限制保险人赔偿责任的同时,也促使被保险人更加自觉地谨慎行事,并采取相应的风险控制措施以减少可能发生的损失,从而降低风险,最高赔偿限额可以针对一张保单的全部投保业务范围进行约定,也可以在保单最高赔偿限额之内,根据风险程度、保险费率等因素,就某一特定范围业务单独约定最高赔偿限额,如某特定买方、某特定国别等。一旦损失超过约定的最高赔偿限额金额,保险人将不再承担赔偿责任
	最长信用期限和最长延长期限	最长信用期限是指保险人与被保险人在保险合同中约定,在未出现约定风险事件并符合一定条件的情况下,被保险人可以在规定期限内自行延展贸易合同信用期限的管理方式 信用保险机构对被保险人自行延展信用期限的规定主要有两种方式:一种是"最长信用期限"(狭义的最长信用期限),另一种是"最长延展期限"(广义的最长信用期限)。狭义的"最长信用期限"是在保单或批单中规定,在被保险人提供产品或服务后的一段期间内,被保险人可一次或多次延展信用期限,但合计不得超过保单所载明的期限,即延展后的总信用期限是××天。采用"最长延展期限"的信用保险机构一般规定:"被保险人如有需要,可以将信用期限延展至与买方在合同中规定的应付款日之后,但延展的时间不能超过保单明细表中约定的最长延展期限。"有的信用保险机构作了双重规定,例如延展后的付款日不得超过应付款日后的 90 天,但在约定信用期限超过 180 天的情况下,不适用信用期限的延展 由于贸易实践中交易模式千变万化,贸易中的信用期限和保险业务中的信用期限在概念的外延上可能存在一定的差别,限额信用期限的设定很难非常精确匹配贸易信用期限;比如有些贸易方式具有一定的特殊性,信用期限的起算点不同于常规业务;又如,贸易中部分付款义务人因种种原因会出现习惯性的拖欠,而这种拖欠具有一定规律性,并不意味着风险的发生。在业务中如果对限额信用期限规定过于严格,则一旦出现买方可能晚于信用期限付款的情况,被保险人就必须申请修改信用期限;而在未出现明显风险信号的情况下,保险人一般都会同意信用期限的延展,大量的申请、批复操作增加了保险双方当事人的工作量,但并没有控制风险的实质意义。最长信用期限的作用在于给予信用期限一定的弹性,防止出现因贸易形式和贸易习惯的原因而导致的反复修改、延长信用期限,其实质是简化操作,方便被保险人,同时提高保险人的工作效率,减少冗余业务环节,而并非放松风险控制。相反,信用保险机构在设定最长信用期限的同时都会设定限制条件,主要是延展条件、适用范围和延展方式等方面的相应规定

续上表

保险重要条款	信用限额	信用限额是指出口信用机构对每一个单独的买方所设定的最高保险额度。在短期信用保险中,信用限额是用以控制、衡量和管理风险的基本条件。出口商为每个海外买方单独申请信用限额。保险人批复的信用限额通常包含对该买方承担的最高保险责任、是否需要担保等特殊承保条件、信用限额是否循环使用,以及最长信用期限(通常短于 180 天)。为及时满足出口商的限额需求,出口信用机构需要获取大量关于国外买方的信息。获取信息并不断更新已有信息所需要的资源(即信息技术)是进入该领域的巨大挑战
	最低保费	最低保费可一次性收取,也可多次收取。被保险人的应交保险费首先从最低保费中核减,当最低保费被核减为零后,被保险人需按保单约定继续交纳保险费。保单年度终止时,最低保费余额不予退还,也不结转至下一保单年度 交纳保费是被保险人的义务,如果被保险人未按上述规定足额交费,保险人对该保险费所对应的申报不承担赔偿责任 保险合同双方根据买方风险、被保险人风险、出口商品本身的风险、出口国家的政治经济风险、行业风险等风险因素,通过沟通确定最低保费,例如最低保费可以按预计保险金额乘以保险费率的 80% 收取 除最低保费外,其他保费交纳方式还包括预缴保费和实报实收保费。预缴保费,即被保险人根据保险合同和实际出口业务金额,与保险人协商约定保费金额,并由被保险人预先交纳。保单到期时预缴保费可予退还或结转,除此之外,预缴保费的收取、核减方式以及相关约定与最低保费相同。实报实收保费,即按实际出口申报收取保险费

(四)供应链金融信保模式承保周期

信用保险有一定的处理周期,无法见索即付,业务复杂度也相对较高,只有深入了解信用保险细节才能更好地使用此工具。即使各家保险公司信用保险承保政策不同,也都会分为几个阶段:账期、最长延长期、逾期通知期、自追等待期、理赔期,如图 6.4 所示。

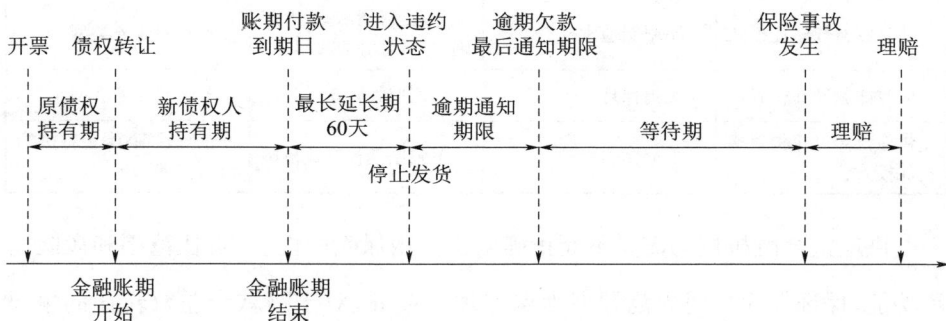

图 6.4　供应链金融保理业务对应的信用保险承保周期

在实际操作中计算相应到期日,有以下两种情况:

违约状态:①欠款超过最长延长期;②汇票、支票或直接索付单证第一次呈递要求付款时即被拒付;③无清偿能力。

长期拖欠等待期:无清偿能力无等待期。

如果买家在最长延长期结束后仍未付款,对该买家的保障会自动停止,等待期从收到"逾期欠款通知"当日开始计算。如果买家在保单起保时有任何逾期欠款超过"最长延长期",该买家将不获保障直至还清所有欠款。

在原始债权转让之后,无论是通过赔款权转让的方式还是供应链金融机构直接投保信用保险模式,对于信用保险都不改变承保客体(即原始债权账期),若新债权人对债权设有宽限期,如果超过保单条款规定的逾期最后通知期限,可能将无法获得赔付;若在最长延长期限之后仍然有新生成的融资放款或赊销账期,也将无法获得赔付。

(五)供应链金融信保模式注意事项

表 6.2 比较了三种供应链金融信保模式,赔款受益权转让模式相对于其他两种模式操作简单、适用性广且约束限制少,所以供应链金融普遍使用赔款受益权转让模式开展业务。

表 6.2　三种供应链金融信保模式的比较

供应链金融信保模式	追索权	债权转让范围	业务类型
赔款收益权转让模式	不限制追索权	不限制债权转让范围,支持部分应收转让	不限制业务类型
应收账款转让模式	无追保理	全部应收转让	不限制业务类型
供应链金融机构直接投保模式	不限制追索权	不限制债权转让范围	银行保理;类金融机构出口保理

供应链金融机构仍需要不断正确认识信用保险的性质、责任范围和风险防范功能,保证保险公司规范开展承保和理赔业务,对于赔款受益权转让的争议问题,从中国国际经济贸易仲裁委员会等仲裁机构近年来审理的保险合同纠纷

案件来看，与信保相关的案件逐年上升，其中因赔款受益权转让导致的纠纷较为普遍。主要争议问题有赔款请求权和损失认定问题。

赔款请求权问题：信用保险的赔偿责任限于被保险人的损失，索赔须由被保险人发起（或经被保险人授权，由赔款权益人以委托代理的形式以被保险人的名义代表被保险人发起），而被保险人怠于索赔而无法顺利开展理赔。赔款权益转让模式的保险人往往是原始债权人（即核心企业卖方），当债权发生转移后，一旦原始债权人破产或因为其他原因怠于向保险公司索赔，将导致供应链金融机构无法获得保险赔款。

损失认定问题：信用保险承保的风险是按照保单中的条款约定，赔偿买方违约给被保险人造成的损失，并不是必然对应赔款权益人的损失。对此问题，实际操作中存在两种截然相反的意见：供应链金融企业认为信用保险的赔偿权益转让后，供应链金融机构应该成为保险合同的实际受益人，对保险赔款具有期待利益，应有权认定损失进而申请索赔；就信用保险法律关系而言，赔偿受益权转让并未导致被保险人发生变更，金融机构损失并不一定导致原始债权人（即被保险人的损失），按照保险合同约定，赔款收益权人只是保单触发赔付时，指定的赔款接受人，并没有直接保险利益。

顺利、稳定开展信用保险项下供应链金融业务合作，以及解决供应链金融机构和保险机构合作中存在争议的部分，应着眼于正确认识信用保险的特殊性，供应链金融机构需要提前对认知偏差部分做充分准备，并注意以下五点：

1. 信保保险赔款受益权转让不可视为担保行为

信用保险不是担保，无论是赔款转让模式还是应收账款转让模式，信用保险承担保险责任的条件并不会因为供应链金融的参与发生改变。买方的投保业务能否获得信用保险的赔付，取决于该投保业务是否属于信用保险的适保范围、是否发生了保险责任范围内的损失，以及销售方是否履行了保单约定的销售方义务等保险合同约定的条件。

2. 债权转让保险金请求权一并转让

赔款受益权转让时如果债权同时转让,依据《中华人民共和国保险法》第四十九条规定:"保险标的转让的,保险标的的受让人承继被保险人的权利和义务。"供应链金融机构保理业务因债权无法偿付受到的损失属于保险赔偿责任的范畴,有权直接向保险公司索赔,赔偿应提供债权转让相关文件。

3. 选择正确的供应链金融信保合作模式

赔款受益权转让中出现的问题,一定程度上是对三种业务模式不了解导致对赔偿责任认识不清,应根据三种模式的特点及《中华人民共和国保险法》对保险标的转让规定,合理选择合作模式。

4. 关注贸易销售方风险

信用保险可为提供融资或者融资支持的金融机构分担来自限额买方的信用风险,但销售方自身的信用风险还需供应链金融机构重点审查,因此建议供应链金融机构在提供信用保险项下融资或者相关融资支持时注意以下事项:

(1)在信用保险项下融资业务中,按照保险单约定,信用保险承担由于限额买方信用风险和限额买方所在国政治风险引起的直接损失,因销售方及其他原因导致的保险责任以外的损失,信用保险不予承担。因此,供应链金融机构须重点审查销售方的资质条件,承担销售方的信用风险。

(2)关注销售合同是否真实、合法、有效。虚假、无效的基础贸易不属于信用保险的承保范围,得不到信用保险的保障。信用保险在承保阶段不承担对贸易真实性、合法性、有效性的审查义务,因此建议供应链金融机构进行授信尽职调查和审查,在提供融资或相关融资支持时应审查贸易的真实性、合法性、有效性。

(3)销售方是否全面、恰当地履行销售合同中约定的销售方义务。

(4)销售方是否全面履行保险单中约定的销售方义务。

(5)关注信用限额买方与销售合同买方,以及实际收货方的一致性。若不一致,应重点审查贸易真实性和合法性。

(6)合理确定短期险项下融资额度。在保单年度有效期内,信用保险对每一张保单承担的赔偿不会超过保单约定的最高赔偿限额;在不超过保单约定最高赔偿限额的前提下,信用保险按照核定损失金额、信用限额和申报金额从低原则确定赔付基数,以赔付基数与保单约定赔偿比例的乘积计算赔付金额(除非限额审批单有特别约定)。供应链金融机构应合理确定融资额度,避免超额融资损失。针对某个销售方项下的融资,未收款余额建议不超过保单约定最高赔偿限额;针对销售方同一买方项下融资,未收款余额建议不超过买方信用限额与保单约定赔偿比例的乘积;针对销售方某一发票项下的融资金额,建议应不超过此笔的申报金额乘以相应赔偿比例和信用保险批复的买方信用限额(余额)乘以相应赔偿比例二者中的低者。超过部分无法获得信用保险的保障。

(7)关注是否存在关联交易。根据保险单约定,关联交易属于保险人的除外责任,因此,供应链金融机构在授信尽职调查和审查过程中,须关注销售方与限额买方是否存在财务或经营方面的关联关系,排除关联交易风险。

(8)关注赊销业务项下回款路径风险。根据保险单约定,保险人所承担的是销售方不能如期足额收回货款的风险,如果,限额买方将应付给销售方的货款按期足额支付到销售方的任何一个账户,保险人所承保的风险就没有发生,保险责任即告终止。因此在赊销业务项下,供应链金融机构需采取措施控制回款风险。

5. 关注不足赔付问题

(1)信保公司受理的卖方年度投保金额一般是其最高赔偿限额的数倍,在办理单笔保理预付款融资时,虽然在信保公司投保的卖方已将相关交易资料进行申报并取得《承保情况通知书》,但信保公司在每份通知书中承保的申报金额仅是不超过特定买方的信用限额。如果卖方销售非常集中、在短期内进行了大量申报,很可能会出现信保公司承保的申报金额远远高于保险合同中列明的最高赔偿限额的情况。如果银行依据信保公司的《承保情况通知书》逐笔为卖方办理了融资,就会造成融资额超过信保公司最高赔偿限额的风险。

(2)信保公司接受在同一保险合同项下存在多个被保险人的共同投保情形,但规定:"被保险人中任何一个被保险人违反保单规定的义务,将被视为全部被保险人违约,保险人有权根据被保险人的违约程度适当降低赔付比例,直至拒绝承担保险责任。"

三、供应链金融信保模式分类

根据是否对卖方保留追索权,供应链金融信保模式可分为有追索权信保融资业务和无追索权信保融资业务;根据贸易发生地分为境内信保融资业务及跨境信保融资业务;根据融资主体分为卖方信保融资业务及买方信保融资业务。几种类型交错组合便形成了形式多样、灵活度广、适用场景丰富的供应链金融模产品。

(一)内贸供应链金融信保融资类产品

信用保险险种中与供应链金融保理业务最为相关的是基于贸易的"国内贸易信用保险"和"国际短期贸易信用保险",下面以供应链金融保单融资标准产品"信保贷"为例介绍国内供应链金融信保模式和风控要点。

1. 供应链保单融资业务受理条件

(1)卖方拟申请融资的业务向保险公司投保了信用保险,保险公司向卖方出具了全套正式保单。

(2)卖方按照保单条款相关规定,在规定时限内及时申报并缴纳保费。

(3)卖方与保险公司签订三方赔款转让协议或经三方认可的其他协议,明确赔款受益权转让的事宜。

(4)原则上不得针对存在共同投保人的国内信用保险保单办理信保贷业务。

2. 风控操作流程

(1)审核申请人(卖方)资格。

(2)审核融资申请书。

有追索权信保贷业务项下,卖方首次申请办理有追索权信保贷业务,应签署"商业保理协议"(有追索权信保贷业务专用),每次申请办理业务时,须提交"有追索权信保贷业务申请书"。无追索权信保贷业务项下,卖方首次申请办理无追索权信保贷业务,应签署"无追索权商业保理合同",每次申请办理业务时,须提交"无追索权信保贷业务申请书"。

(3)审核投保凭证。

受理信保贷业务申请时,应要求卖方提交构成完整信用保单的单据并审核相应内容。

①审核保险单据的种类(包括但不限于):投保单、贸易信用保险条款、保单明细表、保险公司审批的信用限额审批单、申报单(如有)、批单(如有)、承保情况通知书(如有)、卖方缴纳保费凭证等。

②审核保险单据的内容(包括但不限于):保单号、被保险人名称和地址、被保险人保险条款、保险单明细表(适保范围、赔偿比例、最长信用期限、最高赔偿限额、免赔额、保费、效期、是否存在共同被保险人以及关于共同被保险人责任认定的条款、其他权利义务等条款)、信用限额审批单(买方信息、信用限额、赔偿比例、最长信用期限、生/失效日期、批复说明等条款)等。

③保单审核注意事项:办理融资前应详细阅读保单条款,并注意审查保单的有效性。当保单有效期届满时,应要求卖方出具与保险公司签署的续批保单,以证明保单有效期的延展。

(4)综合评估。

应向客户经理了解客户的最新情况,综合考虑卖方的信用评级、财务经营状况、履约能力、保单条款等各种因素,对是否叙作信保贷业务进行综合评估。

（5）办理赔款权益转让手续。

如同意为卖方办理信保贷业务，须与卖方及保险公司三方签订赔款转让协议或经三方认可的其他协议，将保单承保范围内全部贸易项下赔款权益转让给金融机构。

（6）基础贸易单据审核。

①应要求卖方提交相关基础贸易单据（包括但不限于）：贸易合同/订单、增值税发票、货运单据/发货证明、带有债权转让条款的商业发票、买方的收货确认凭证、买方无异议证明及付款确认。

②基础贸易单据审核要点：

a. 贸易合同中无限制债权转让及寄售等条款，赊销期限不超过保单规定的最长信用期限；

b. 增值税发票在保单条款规定时间内出具；

c. 交付货物或提供服务的日期应在保单有效期及保险公司审批的信用限额有效期内；

d. 商业发票应约定回款账户信息，明确买方将款项付至指定账户的义务；

e. 也可根据贸易产品、行业或卖方的实际情况要求卖方提供其他形式的发票、货运单据及其他相关单据和凭证，以证实和确保贸易的真实性。

（7）融资款项发放。

融资金额：对卖方的融资金额不得超过应收账款金额（申报金额）乘以赔付比例和保险公司审批的信用限额（余额）乘以赔付比例两者中的低者，且对卖方的融资余额始终不得超过保单规定的最高赔偿限额余额。若保单存在免赔额或起赔额等影响赔付金额的条款，应根据保单规定，对融资金额作相应扣减。

融资利率：办理信保贷业务时，融资利率根据对于贸易融资业务的利率授权执行。

融资期限：应根据业务实际情况及保单条款规定，合理确定融资期限（含宽限期），融资期限应在保单最长信用期限截止日内。

（8）售后管理。

①随时跟踪卖方的资信变化、交易执行情况，密切跟踪融资项下的应收款项，在应收款项到期日前及时向买方或督促卖方向买方催收有关款项。

②注意加强对回款账户的监控。

③要求卖方在解除或变更保单条款等有可能影响融资安全的事宜之前，必须征得保险公司同意。

④监督卖方履行其作为被保险人的应尽义务（包括但不限于）：对同一保单适用范围内的没有取得融资的业务及时向保险公司申报并缴纳保费；及时向保险公司报送可能损失通知书/逾期债款通知；留存索赔可能需要的单证或函电等。

（9）收回融资款项。

正常收款：办理融资的应收款项如正常收款，应将款项首先偿还融资本息及相关费用，余款（如有）支付给卖方。

收款损失可能或已经发生：

①应根据保单条款相关规定立即或督促卖方及时填报可能损失通知书/逾期债款通知，并行使索赔权。应对保险责任事故原因进行分析评估，如经核实保险事故责任来自卖方，应暂停受理卖方的其他信保贷业务。

②对于有追索权信保贷业务，业务应首先从卖方的账户中主动扣款，以偿还融资本息。

③如保险公司同意赔付，应要求其按照赔款转让协议或经三方认可的其他协议，将赔款直接支付，用以偿还融资本息，如仍有余款则支付给卖方。

④如保险公司不同意赔付，同时向卖方行使追索权（对于无追索权信保贷业务，如出现细则第三条规定的除外情形，业务应向卖方主张追索权）未能从卖

方处追索回融资本息和有关费用,应及时通知授信部门,并暂时停止对该卖方办理其他信保贷业务。

⑤保险公司索赔条件中,如有按保险单规定时间内申报可能损失或提出索赔申请等条款,在向保险公司索赔时,必须按保险单条款中规定的时限,按时向保险公司或督促卖方向保险公司填报可能损失通知书和/或提交索赔申请,以免延误索赔时机。

(二)出口供应链金融信保融资类产品

自 2020 年以来,我国出口市场逐渐向线上转移,跨境电商高速增长,跨境电商市场份额继 2019 年持续扩大,海外大量实体店和零售品牌倒闭或破产,跨境电商对于带动外贸增长的作用明显,增速明显快于其他进出口。

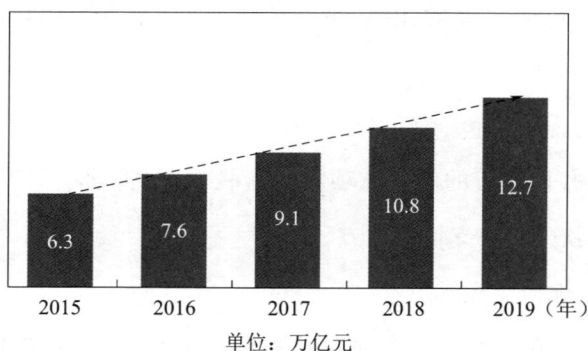

单位:万亿元

图 6.5　跨境电商交易规模增长趋势

政策导向:支持稳定外贸,跨境电商成为进出口主力军,政策文件实施时间和主要内容见表 6.3。

表 6.3　跨境电子商务政策支持

实施时间	公告名称	发文字号	主要内容
2018 年 10 月 1 日	关于跨境电子商务综合试验区零售出口货物税收政策的通知	财税〔2018〕103 号	通知了跨境电子商务综合试验区内的跨境电子商务零售出口货物的免税政策

续上表

实施时间	公告名称	发文字号	主要内容
2019年4月29日	国家外汇管理局关于印发《支付机构外汇业务管理办法》的通知	汇发〔2019〕13号	提升对支付机构监管要求，支持银行提供结售汇及相关资金收付服务
2020年1月1日	关于跨境电子商务综合试验区零售出口企业所得税核定征收有关问题的公告	国家税务总局公告〔2019〕36号	跨境电商出口企业所得税核定征收
2020年5月20日	国家外汇管理局关于支持贸易新业态发展的通知	汇发〔2020〕11号	明确了海外仓模式下的数据申报要求，允许实际销售收入可与相应货物的出口报关金额不一致
2020年7月1日	海关总署公告2020年第75号（关于开展跨境电子商务企业对企业出口监管试点的公告）	公告〔2020〕75号	增列9710监管方式（B2B出口），增列9810监管方式（海外仓出口）

　　卖家销售回款周期长是常态，回款周期通常为2~4个月，国际物流成本占总成本的20%~30%。卖家不得不去向上下游索要账期以缓解资金压力，不同于信用体系完善的大企业，中小微跨境企业由于自身原因很难得到资金扶持，新态势下，跨境电商行业急需高效的供应链金融服务解决上述企业的资金问题，但长期以来由于以下几方面，约束了供应链金融机构向境内出口企业提供金融服务。

　　海外调查难度大：海外客户的信息获取难度大、成本高、时效性差，对前期信审调查及后期贷后管理都造成巨大障碍。

　　欠款追讨难度大：买方拖欠、破产、停业等引发追偿，由于跨境导致追偿难度巨大。

　　政治风险：海外买方信用不仅受买方个体影响，同时受所属国的政治风险影响，政治风险是出口和对外投资企业面临的级别最高、破坏性最强的风险，具体表现在发生买方不可抗拒的事件导致买方无法履行合同项下的付款义务。

海外金融环境差异：金融环境的差异是影响跨境贸易融资顺利完成的重要因素。

针对这些需求，中国出口信用保险公司（简称中国信保）结合供应链金融机构，通过中国信保多年积累的数据，对境外买家进行评级和分类授信，提供信用保险支持，金融机构结合保险增信为跨境电商提供金融支持。供应链金融机构结合中国信保保险提供的产品模式如图6.6和图6.7所示。

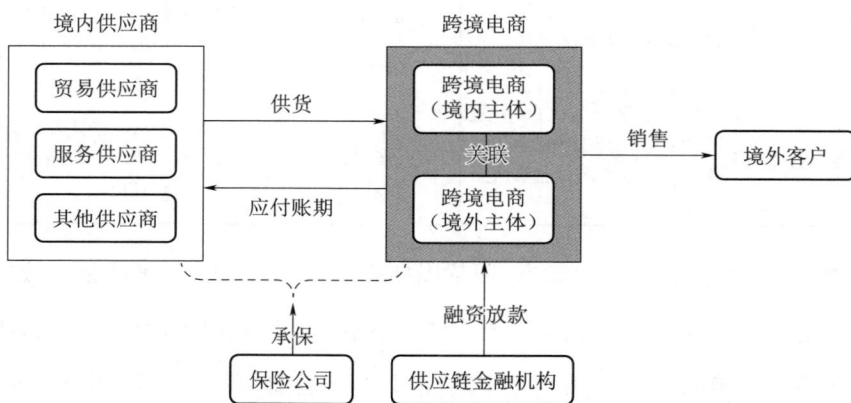

图 6.6　跨境电商应付款融资模式①

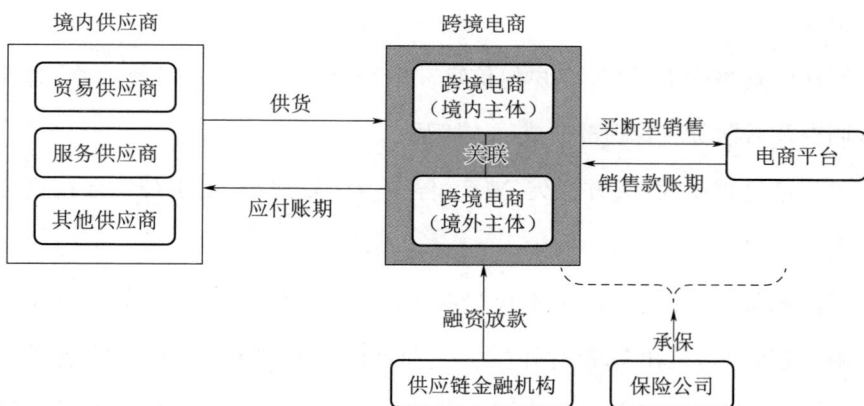

图 6.7　跨境电商应收款融资模式②

四、信用保险监管对供应链金融的影响

(一)监管政策逐步鼓励"供应链金融＋信保"模式

供应链金融优化了供应链效率,为供应链上下游企业提供金融服务,信用保险在供应链金融业务中为中小企业融资增信,通过风险分散及风险转移为金融机构实现风险分担,因此信用保险有效联动金融机构,缓解了中小企业的融资压力。

监管部门出台多份文件加大对信用保险的监管力度,2017 年,银保监会发布《信用保证保险业务监管暂行办法》规范此类业务,原办法中禁止保险公司开展债权转让类信保业务,导致基于基础贸易的供应链金融保理业务无法参与信用保险,原有的"保理＋信保"模式在新规项下受到制约。

2019 年 11 月,银保监会财险部向各银保监局、各财产保险公司就《信用保险和保证保险业务监管办法(征求意见稿)》征求意见;意见中被禁止的债权转让业务中剔除了银行作为被保险人债权转让业务。

2020 年 5 月 19 日发布《信用保险和保证保险业务监管办法》关于保理的禁止经营范围更为明确,修改为"底层履约义务人已发生变更的债权转让业务",明确了对供应链金融保理增信助贷大方向。有趋势逐步放开提供供应链金融服务类金融机构如保理公司、融资租赁公司等机构,向基于真实贸易的交易提供贸易信用险的承保支持。相关政策变化见表 6.4。

表 6.4　"供应链金融＋信保"模式的政策变化

时　　间	文　件	禁止经营范围
2017 年 7 月	监管暂行办法	债权转让业务
2019 年 12 月	意见征求稿	债权转让业务(银行作为被保险人的保险业务除外)
2020 年 5 月	监管办法	底层履约义务人已发生变更的债权转让业务

(二)供应链金融信保展望

政府监管部门引领和推动了信保业务在供应链金融领域进一步发挥作用:

(1)供应链金融信保模式助力中小企业融资。供应链金融信保模式提供借贷增信,覆盖了更多的长尾客群,进一步促使基于贸易融资的产业金融主体参与,支持类金融机构(例如保理公司、融资租赁公司)保理业务参与信用保险。发挥供应链金融信用保险融资增信功能,可以增强对中小企业的信贷支持力度,缓解中小企业的资金压力,进一步降低中小企业融资成本。

(2)供应链金融信保支持核心企业出口业务,大力发展出口信用保险,为出口企业保驾护航。

(3)健康合理使用保险工具,共同发展,创造价值。

第七章

供应链金融风险共担：
自保险

信用风险处置方式分为风险转移和风险自留。 处理风险应结合两种方式有计划、有针对性、合规合理的评价风险状况，根据企业的经营性质、组织结构、经济规模等，确定供应链金融企业自留风险的额度，将自留额以上的风险转移出去。 自留与转移并存且成本及效益兼顾保证了业务正常开展。

在前文详细介绍了对供应链金融企业风险的量化方法，通过在险价值计算整体风险价值，风险拨备机制为供应链金融企业补偿自留风险损失，下面将详细介绍风险转移方式中的自保险部分。

围绕大型核心企业贸易提供供应链金融服务，商业保险公司可以投保贸易信用险进行风险转移，但保险公司订立的任何一种保险合同都会有除外责任。 同时，对于承保的保险标的通常都会设置自负比例，也就是说企业必须承担除外责任和自负额范围内的损失。 此外，基于成本与效益的考虑，有些行业只能通过风险控制来降低风险事故的发生。 因为商业保险公司不愿意为经济单位提供保险，即使有些保险公司愿意这样做，也会收取极高的保费并设置相当高的自负额。 由于对损失控制成本过高，而损失控制的潜在受益不确定，因此很多企业选择自留风险的方案。

自保险是保险转移的一种。 自保公司与传统商业保险公司的区别在于: 自保公司是由核心集团企业设立，主要承保成员企业业务、规避成员企业风险的保险公司。 自保险公司将自留风险通过自保基金或者自保公司，为所属集团或组织提供直接承保或再保服务，适用于大型集团企业背景的供应链金融机构。

01　自保险起源

　　自保公司的出现具有一定的历史必然性,它源于传统保险市场无法满足企业对特定风险的覆盖需求。自保险起源于 20 世纪 20 年代至 30 年代,即相互保险公司和共保公司兴起的时期,然而直到 20 世纪 50 年代初期,随着离岸金融市场兴起才得到快速成长。由于税收优惠,自保公司在 20 世纪 60 年代至 70 年代初持续繁荣。20 世纪 80 年代后期,由于商业责任险市场承保能力不足,自保公司再度掀起新一轮的增长热潮。今天,全球自保公司数量已达 6 876 家,远超传统商业保险公司数量;保费收入占全球财产险保费的 10%。随着非传统风险转移技术的不断完善,自保险已成为与传统商业保险互补的企业全面风险管理重要工具。

　　世界首家具有现代自保公司特征的纯自保公司出现在 20 世纪 30 年代的美国扬斯敦。扬斯敦是美国俄亥俄州东北部重工业城市,是美国的四大钢铁城市之一。自 1802 年扬斯敦开始利用附近的铁矿和木炭发展炼铁业,后因阿勒格尼煤田的开发,利用焦炭和米萨比铁矿石发展了大规模钢铁工业。1900 年,本地工业家乔治·D. 威克和詹姆斯·A·坎贝尔创立了扬斯敦板管公司,并发展成为全美大型钢铁集团。

　　扬斯敦板管公司经营动荡的状态导致其很难以较低的价格从普通商业保险公司获得保险。公司聘请具有丰富保险经验的保险代理人佛来德·马蒂·

雷斯为其策划保险解决方案。雷斯于1935年帮助扬斯敦板管公司创立了马宏宁保险公司,通过一张全险种保单仅向扬斯敦板管公司提供保险,伦敦劳埃德保险公司向马宏宁保险公司提供再保险支持。

扬斯敦板管公司在当地拥有大量的煤矿和铁矿等钢铁原材料,公司高管习惯称这些矿山为自有矿山(captive mines),雷斯因此在所创立的保险公司名称前加上Captive一词,后译为自保。

在20世纪60年代前,自保险业务并未大规模发展形成一种潮流和趋势。雷斯从自身经验出发认为这种自保模式是有效的,并希望将它向世界推广,但并未得到扬斯敦板管公司决策层的支持以及当时市场的认可。直到1960年,一次偶然的机会,他认识了百慕大群岛律师比尔·凯姆普,通过交流,他意识到自保公司如果设在百慕大这样的免税环境下,可有效帮助企业降低成本。1962年,他在百慕大律师事务所Conyers Drill & Pearman的帮助下,开始在百慕大组建第一家自保管理公司——国际风险管理集团,这标志着现代自保险业的正式起步。到了20世纪60年代末期,自保公司数量超过100家。

在此之后的数十年,自保险业虽然在国际资本市场仍不起眼,但已开始逐步积累越来越多的资本。由于盈利只有在汇回本国时才需要纳税,在免税的政策下,管理良好的大型自保公司获得了持续盈利。

20世纪70年代,国际保险业遭遇严峻的市场环境,自保业逐渐开始在市场流行并获得了快速发展。这是由于财产保险业自身发展周期规律,受灾害损失影响,保险资本供给和产品价格会发生周期性波动。在这一时期,产品责任险、医疗疏忽责任险等产品供给严重不足,导致劳工补偿和责任险费率大幅上涨,受此影响,数百家自保公司在此期间成立。截至1980年,全球自保公司数量已超过1000家。

20世纪70年代中期,国际大型跨国企业开始主动接受并大量发展自保公司。1966年,佳达设立国际再保险公司,注册资本达2300万美元(相当于今天10亿美元),世界许多石油供应商通过百慕大自保公司进行交易。1985年,

远离风险的供应链金融

186

ACE 集团在开曼群岛设立自保公司，并在巴巴多斯和百慕大设立分支机构，截至 2011 年，该自保公司注册资本由开始的 7.5 亿美元增加到 350 亿美元。

20 世纪 80 年代后期，全球责任保险市场出现承保能力和供给均不足的问题，再度出现了自保公司增长高潮。越来越多的中小企业开始考虑设立自保公司，自保公司数量得到快速增加。在此期间，为服务中小自保企业的需要，自保中介服务业得到快速成长，自保管理专家、律师、会计师和其他相关职业也在全球自保注册地得到发展。

随着国际自保业的繁荣，自保注册地也随之得到快速发展。自保险逐渐在伦敦和纽约形成交易中心和市场，因保险业持续交易需要，在伦敦和纽约闭市期间，一些保险转移到百慕大进行交易。百慕大于是成为全球最大的自保公司注册地，其他的离岸金融中心如加勒比沿岸地区的开曼群岛、英属维京群岛、巴巴多斯、安圭拉以及欧洲的根西岛、卢森堡等也逐渐兴起与之竞争，并成为世界主要自保公司聚集地。自 20 世纪 90 年代，东南亚的新加坡开始成为自保注册地。

美国逐渐发展成为自保市场和自保业的领导者，1972 年科罗拉多成为美国第一个接受自保公司注册的州，20 世纪 80 年代中期，佛蒙特州和夏威夷也成为自保公司注册地。

在 20 世纪 80 年代中期，美国税务局开始质疑自保公司是否应具有保险公司地位及其所收到保费能否扣减税收。美国税务局依据"经济集团理论"，提出关于"保险"应至少包括以下属性：一是风险转移功能，即风险应从一家公司转移至另一家不相关公司；二是风险分散属性，即风险应分散至足够数量的主体。依据这一理论，自保公司仅承保集团内部企业，因此风险仍存在于集团内部，不符合保险的风险转移和风险分散的属性。经过数十年的法庭辩论，美国法院最终判定当自保公司承保集团内姊妹公司或承保第三方业务比例超过 30% 时可以享受税收减免。

到 20 世纪 90 年代，自保业与保险业流行并发展成为一个全球性产业，

1998 年,即使是自保公司的主要反对者,伦敦劳埃德委员会也批准在劳埃德开展自保业务。自保业成为企业风险转移的重要工具。

进入 21 世纪,特别是 2001 年美国安然公司倒闭和"9·11"事件后,1/3 的美国财产保险公司遭受巨额损失,在影响财产保险供给的同时,进一步刺激了自保公司的发展。至 2001 年,全球自保公司数量达到 4 560 家,自保公司承保保费达到 250 亿美元,其中分给全球再保险市场保费为 80 亿美元,投资资产达到 1 380 亿美元。2003 年,全球自保公司保费收入达 300 亿美元,2007 年全球自保公司数量已超过 5 000 家。2010 年,全球非寿险商业险保费约为 6 000 亿美元,自保保险保费约为 550 亿美元,自保公司保费约占全球商业保险业务的 10%左右。

目前,绝大多数大公司均拥有自己的自保公司。《财富》全球 500 强企业中的 80%公司设立了自保公司,大公司设立独立自保公司,中小型企业主要采用集合母公司或隔离壳自保公司的组织形式。

自保公司主要来源于欧美国家公司,美国成为自保公司的主要市场。从所有权比例看,美国自保公司占 59%,欧洲公司占 25%,加拿大占 3%,其他国家占 13%。其中,美国 500 家大公司中 90%拥有自保公司;瑞典 50 家大公司中 90%拥有自保公司;英国 200 家大公司中 80%拥有自保公司;法国 200 家大公司中有 10%拥有自保公司;德国 200 家大公司中 5%拥有自保公司;意大利 100 家大公司中 5%拥有自保公司。

受经济、保险市场、文化和监管等因素影响,亚洲自保市场发展相对缓慢。虽然新加坡、马来西亚等已发展成为国际自保注册地,但主要注册公司来源于欧美国家。这是由于亚洲保险市场竞争激烈、保险低费率等因素,导致成本因素并未成为推动企业在海外设立自保的主要动力;许多国家保险市场由几家大公司主导,这些公司不愿意替自保公司成为出面公司;较为严格监管政策也不利于自保公司的发展。

自保市场与传统商业保险市场具有一定互补效应。20 世纪 80 年代中期,普通商业保险市场价格高涨，刺激了自保公司数量大幅增加。2000 年以后，随着全球自保市场快速发展，传统商业保险市场增速明显放缓。自从 1962 年佛来德·马蒂·雷斯将自保险业务迁至百慕大以来，自保险在海外取得了爆炸性的增长，总部位于芝加哥的怡安公司，在 120 多个国家设置有 500 个办事处，员工接近 7.2 万人；以及 Marsh & McLennan 公司，一家总部位于纽约的公司，在 130 多个国家设有办事处，员工 6 万余人。

在我国，自保险尚处在起步阶段，大力发展自保险这种保险市场不可或缺的重要组织形式、完善我国保险体系结构势在必行。

02 国际自保险的发展情况及经验

自保险可以理解为一种风险自留的方式,已成为许多大型国际企业进行风险管理的重要手段。自保公司与传统保险公司的区别是自保公司由母公司单独设立或由母公司与子公司共同出资设立的,并且只为母公司或与母公司相关联的机构提供保险服务。自保公司具有一定的自主定价权,是企业控制自身特有风险、扩充资本金的途径之一。自保公司最早可追溯至海运保险的投保人依据自身需求自发组建的保险组织,类似于共同保险公司。

企业成立专属自保公司对于管理自身业务风险有很大优势,主要体现在以下几个方面:首先,成立自保公司可以帮助企业节约保费成本,自保公司直接为母公司及其关联公司提供保险服务,减少了企业支付商业保险费的费用开支。同时自保公司经营所获得的利润最终也会归为母公司所获利润,从而很大程度上节约了保费;其次,自保公司可以和再保险公司直接对接,将企业自身风险进行分保,便于企业参与保险市场业务;再次,对于部分企业来说,其某些经营业务所产生的风险是商业保险市场上不可保的,通过成立专属自保公司则可将这部分不可保的风险纳入保险范畴,为此类风险的转移提供了新的解决思路。

从注册地来看,北美地区是将近半数自保公司的注册地,其次是百慕大与加勒比海地区这类离岸自保中心,再次是欧洲及亚太地区。从保费收入来看,母公司来自北美地区的自保公司保费收入占比最高,远超其他地区;注册地在百慕大与加勒比海地区的自保公司保费收入占比紧随其后。各地区占比如图 7.1、图 7.2 所示。另外从近年的增长趋势上看，新加坡等国的自保公司数量增长迅速，表明自保险正逐渐在发展中国家受到重视。自保公司母公司所涉及的业务种类是较为宽泛的，如金融领域、医疗健康领域和制造业等，越来越多的企业开始尝试利用自保公司来管理自身的特殊业务风险。

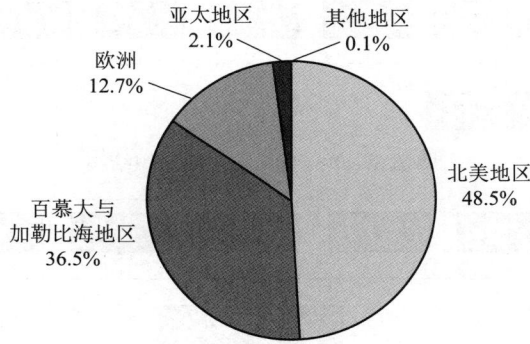

注：由于四舍五入，各地区占比之和不等于100%。

图 7.1　自保公司注册地分布

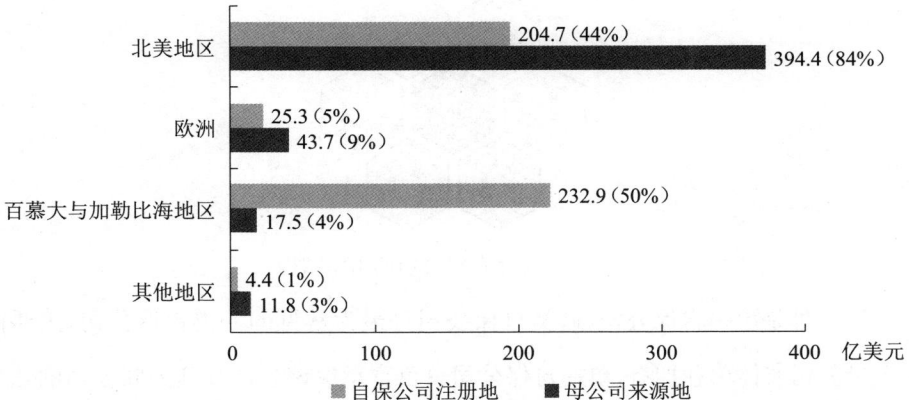

注：数据仅代表Marsh资产管理公司对全球1100多家自保公司的统计情况，但保费占比具有统计意义上的代表性。

图 7.2　自保公司保费收入分布

一、自保险公司组织架构

自保公司主要有三种组织架构模式,如图 7.3、图 7.4、图 7.5 所示。

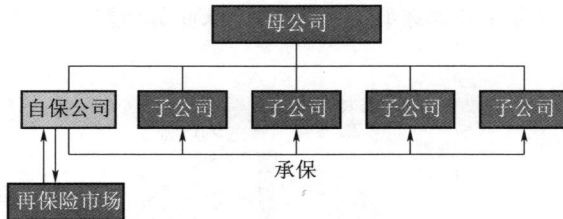

图 7.3　单一自保公司的组织结构

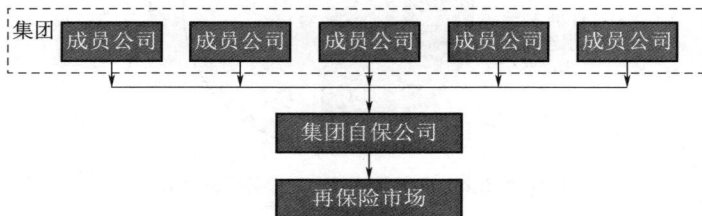

图 7.4　协会自保公司的组织结构

图 7.5　单元自保公司的组织结构

第一种是单一自保公司,这类自保公司是最为常见的一类自保公司,主要由一个母公司实体单独拥有,单一自保公司只负责承保该公司及其关联公司的业务风险。需要注意的是,单一自保公司主要适用于大型企业和部分中型企业。

第二种是协会自保公司,也称集团自保公司。这类自保公司由多家彼此不相关的公司所共同拥有,集团自保公司负责承保这些公司及其关联公司的业务风险,即共出保费、共担风险的组织架构模式。这种模式比较适用于多家具有相同业务风险类型的公司,例如一些医院的联合或者一些石油公司的联合,在企业类型上适用于大型与中型的企业。

第三种是单元自保公司,这类自保公司按照不同的投保公司划分成多个单元来管理,法律保护或隔离每个单元的资产,由此形成了一种破产保护,即当某单元出现负债甚至破产时,其他单元都不会受到影响。需要注意此类自保公司对小型企业尤为适用,也适用于大型和中型的企业。

二、国际自保市场运行经验

国际保险市场上已有很多关于自保公司的实践,其中,市场参与者包括自保公司及其母公司、再保险公司和一些监管机构等,基本形成了一个完整的生态。关于自保公司注册地的选择,母公司需要考虑税收成本、监管政策、交通、人力成本、声誉、偏好等方面的因素。目前国际上已形成了几个较为集中的注册地,如北美、百慕大、开曼、新加坡等。自保公司的设立流程需要委托专业人士进行可行性研究,后经公司内部批准同意,可以开始申请牌照,申请通过即可成立自保公司。设立时间因注册地的不同而有所区别,百慕大和开曼等地区申请需要 1 个月至 2 个月,新加坡需要 4 个月。

对于自保险的监管措施,国际上已有了一些成熟的理念和政策。从监管内容上看,有些地区侧重监管自保公司的偿付能力,对其他方面的监管要求较少,如新加坡等;有些地区则既监管自保公司的偿付能力,也监管公司治理等方面。从优惠政策、材料要求等方面看,有些地区监管政策比较开放,以鼓励支持为原则,监管材料相对简单、申请时间较短且监管限制较少,以百慕大、开曼等离岸注册地为代表;另一类地区则秉持稳健发展的原则,申请材料较复杂、申请时间较长且监管限制较多,以都柏林等为代表。

03 国内自保险发展现状与展望

一、国内自保险发展情况

2013 年我国成立的第一家自保公司为中石油专属财产保险股份有限公司,标志着自保正式进入我国保险市场。截至 2017 年 8 月,由我国企业拥有的自保公司一共有 9 家。经保监会批准在内地依法设立的自保公司一共有 4 家,分别为中石油专属财产保险股份有限公司、中国铁路财产保险自保有限公司、中远海运财产保险自保有限公司和广东粤电财产保险自保有限公司。经保监会批准在香港设立的自保公司一共有 3 家,分别为中海石油保险有限公司、中石化保险有限公司和中广核保险有限公司。还有 2 家自保险公司由国内企业经由海外收购获得,它们分别为中海油 ICM 保险公司和联想保险私营有限公司。

中石油作为我国第一家在内地成立自保公司的企业,于 2007 年首次提出设立自保公司总体构想,并启动了相关研究工作,2010 年正式向保监会提交设立中石油自保公司的申请。2012 年 9 月 19 日,保监会批准同意中石油筹建自保公司,2013 年 12 月 24 日,中石油专属财产保险公司正式获得保监会批准并开业。公司团队主要来自中石油财务部和其控股的竞盛保险经纪公司。中石油自保公司注册资本为人民币 50 亿元,注册地为新疆克拉玛依市。

二、我国自保险监管现状概述

保监会依据《中华人民共和国保险法》及其他法律法规于 2013 年 12 月出台了第一份专门针对自保公司监管政策的规范性文件，"关于自保公司监管有关问题的通知"（保监发〔2013〕95 号），使得自保公司监管和发展有法可依。2015 年，保监会根据监管需要进一步完善了自保相关法律规定，出台了"关于进一步完善自保公司监管有关问题的通知"（保监发〔2015〕23 号）。上述两个文件奠定了我国自保监管的法律基础，规范了自保公司的经营，并且在定位方面初步明确了我国自保公司为纯粹自保公司。

在资本要求方面，规定：自保公司的投资人应该为主营业务突出、盈利状况良好的大型工商企业，且资产总额不低于人民币 1 000 亿元。同时在准入要求方面提出其母公司所处行业应具有风险集中度高、地域分布广、风险转移难等具体要求。

从征税制度来看，我国没有专门针对自保公司的税收规定，也没有专门针对小型保险公司的企业所得税规定。我国自保公司参照企业所得税条例的规定，征收税率为 25%，要高于离岸自保中心。

从投资限制来看，我国对自保公司的投资限制参照《中华人民共和国保险法》《保险公司管理规定》等法律法规和规章执行，这些法律法规对保险资金的运用设定了严格的投资渠道、投资比例等限制。另外我国监管法规还明确了自保公司经营的业务范围为母公司及其控股子公司的财产保险、员工的短期健康保险以及短期意外伤害保险业务。

从组织形式看，国际上知名离岸自保中心的自保公司组织架构形式是多样的，有单一自保公司、协会自保公司和单元自保公司。目前我国自保公司只能是由一家母公司单独出资或母公司与其控股子公司共同出资的单一自保公司的组织形式,可见我国对自保公司的组织形式限制仍较为严格。

结合自保公司的特点,我国也对自保公司给予了一定程度上的政策扶持,如允许自保公司不设立分支机构、无须缴纳保险保障基金、可以按照国家有关规定提取防灾防损专门准备金等,并且鼓励自保公司开展服务母公司的风险管理业务。

综上所述,我国自保险的监管政策对自保险公司各方面的限制较为严格。例如资本金方面的限制要求高于国际上各自保中心对自保公司资本金的要求,且对自保公司的投资限制和经营限制都较为严格,但与此同时监管政策也对自保公司给予了一定程度上的支持,鼓励其开展服务母公司的风险管理业务。

三、构建全面自保险体系

自保公司主要承保其母公司及关联公司的业务风险,由于其业务的特殊性,国际上对自保公司的监管措施通常有别于商业保险公司,比如在承保能力限制、偿付能力监管等方面的要求均会低于对其他保险公司的要求。随着国内自保公司数量的增多,需制定适用于自保公司的监管政策。对于监管政策的制定,部分建议如下:

一是发挥自保公司的优势,突出其自身运行规律,使自保公司真正成为保险行业服务实业的重要支持。监管应借鉴国际经验,在保持风险可控的同时,支持自保公司按自身运行规律以及风险特征灵活经营。鼓励自保公司突出自保险的特色和优势,发挥风险管理平台等作用,积极开展业务和产品创新,积极探索与商业保险公司合作的发展模式等。监管还应充分发挥自保公司源于实体企业的天然属性,鼓励自保公司积极发挥自身优势,为母公司及其关联公司提供优质保险服务,帮助企业提升自身风险管理水平,真正促进保险业服务于实体经济。

二是针对自保公司的特点,建立适合其发展的监管制度体系。自保公司与商业保险公司的本质区别在于承保对象具有局限性和风险溢出不明显。因此，对于监管制度，应参考现有偿付能力、关联交易、资金运用等方面的一般商业保险公司监管政策，建立适合自保特性的独立监管体系。同时，自保公司的组织类型和承保风险类型也是多样的，因此在监管政策方面需要考虑针对不同自保公司、不同行业特点和不同风险类型采取不同监管措施，形成分类监管。

三是加强自保的宣传引导，营造适合自保公司发展的环境。在稳步提升自保公司数量、促进自保公司发展的同时，应适当加强对建立自保行业组织的引导，促进自保公司之间的总结交流和对外表达自身发展诉求等。同时还要加强对自保公司的宣传力度，促进企业正确认识自保公司的风险管理作用，促进各商业保险公司积极加强与自保公司的合作，这样才能帮助企业更好地利用自保公司提升其风险管理水平。

四是建议适当降低自保公司准入门槛。我国企业多样化、多层次的保险需求，需要多样化的自保公司来满足。《关于自保公司监管有关问题的通知》规定："投资人应为主营业务突出、盈利状况良好的大型工商企业，且资产总额不低于人民币1 000亿元。"门槛较高，这种企业属于超大型企业，此条件会将很多企业拒之门外。适当降低自保公司的注册资本等准入条件，能够促进自保公司的大量发展。

五是建议快速培养保险业的高端专业人才。自保公司是创新型风险管理的保险公司，有其特殊的管理和运作方式。因此，国内自保中心的建设需要涉及全球保险、法律、税收等知识的高端综合性保险专业人才。我国目前保险行业相应的高端专业人才数量不足以满足行业的快速发展，因此保险行业应该加快推进专业人才培养工作。

04 供应链金融与自保险

一、自保险有利于供应链金融进行风险管理

自保险为供应链金融风险转移提供了新的思路,核心企业或者产业联盟成立自保公司对于产业供应链金融有很多优势。

首先,部分企业通过成立专属自保公司,可将部分不可保的特殊业务风险纳入保险范畴,有利于扩大承保范围。自保公司由核心企业直接出资管理,便于系统、集中地管理供应链金融资产风险,自保公司可以承保原先商业保险的不可保风险,扩大保险范围。

其次,有利于企业对保险产品进行管理。自保公司可以为产业链核心企业量身定做一个最适合的保险费率和保险方案,合理分担经营和管理风险,避免受到商业保险市场定价波动的影响;同时,当事故发生后,自保公司可迅速、及时地作出响应,合理清算理赔数额和厘清保险事故责任分担,无须通过保险公估公司和商业保险公司。

再次,可进行风险再分担。通过直接自保模式和再保模式,自保公司承保企业经营和管理风险后,均可以和再保险公司直接对接,从而达到最大程度分担风险的效果。

最后,降低风险成本支出。自保公司可以直接向母公司及其关联公司提供保险服务,经营利润归为母公司所有,减少了企业支付商业保险费的费用开支。

二、供应链金融自保险产业创新模式

自保险涉及供应链金融风险的贸易信用险，自保险可以通过直接自保模式和商业自保模式两种形式为供应链金融资产转移风险。

直接自保模式：仅通过自保公司转移供应链金融风险资产。自保模式通常适用两种情况：①商业保险的不可保风险，比如中石油自保公司、中远海运自保公司和中核集团的涉核自保公司；②由于自保险综合赔付率相对比较低，通常采用直接自保模式的企业，对内部风险管理比较有信心，设立自保公司更着重于做风险管理。供应链金融场景下的直接自保模式如图 7.6 所示。商业再保模式：自保公司可能没有本国保险经营牌照，此时可以通过已经取得本国保险经营牌照的保险人在本国直接承保母公司的风险，后通过再保险形式将风险全部转让给境外专业自保公司承担。另外，基于成本与效益的考虑，有些行业保险公司会收取较高的保费并设置相当高的自负额，由于对损失控制成本过高而损失控制的潜在受益不确定，因此很多企业也会选择商业保险和自保险配合的方式转移风险。如图 7.7 所示。

综合上述优势，自保公司为我国供应链金融风险管理提供了新的思路，同时对丰富保险市场参与主体及促进保险市场的发展也具有重要意义。

对于企业层面而言，发展自保险更有利于促进

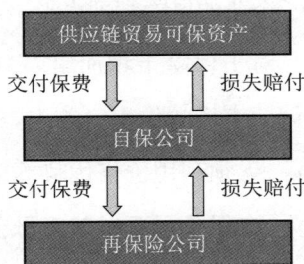

图 7.6　供应链金融场景下的直接自保模式

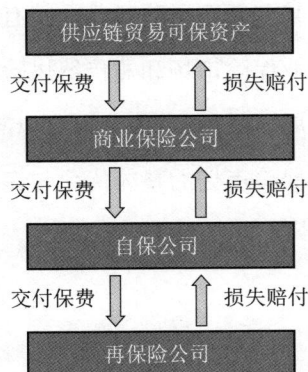

图 7.7　供应链金融场景下的自保再保模式

保险业服务于实体经济。当前,金融工作要重视回归本源,为实体经济和社会发展服务,这一理念在保险行业中的意义就是要求保险要从根本上注重和加强发挥长期稳健风险管理和保障的功能。作为实业企业,例如制造业企业等投资成立的自保公司,其主要目的是为母公司及其关联公司提供风险管理服务,是产融结合的典型代表,完全体现和发挥了保险业服务实体经济的功能。同时,自保公司也能根据母公司自身需要提供更符合实业需求的保险产品,公平合理地制定保险责任及价格,避免了企业投保商业保险时因信息不对称而导致的逆向选择风险,提高了企业的风险管理水平。

对于保险市场而言,发展自保险有利于促进产业优化升级,起到稳定市场和创新市场的作用。首先,从稳定市场的角度来看,自保公司具有稳定的保费来源,无须利用价格优势等方式争夺市场,有助于稳定和规范保险市场的定价行为,自保公司可以基于母公司风险数据制定科学的费率,有利于保险市场长期费率的形成。其次,从市场创新的角度看,自保险的发展可把我国保险市场上原来不规范的各类自保基金纳入保险业统一管理的范畴,这将促进我国保险市场业务范围的拓展和创新,国际上自保险的发展与实践证明了传统商业保险对某些新型风险和行业特有风险的承保经验不足,而自保险能够成为联系传统商业保险市场和非传统风险转移市场的纽带,从而进一步促进保险市场的创新发展。最后,自保公司可以与商业保险公司和再保险公司开展合作,有利于促进保险市场的整体优化与完善。